活力篮球

胡亚曙 主编

北京体育大学出版社

策划编辑：李志诚
责任编辑：李志诚　仝杨杨
责任校对：原子茜　陶　源
版式设计：水分子

图书在版编目（ＣＩＰ）数据

活力篮球/胡亚曙主编. —北京：北京体育大学出版社，2022.4
　ISBN 978-7-5644-3638-4

Ⅰ.①活… Ⅱ.①胡… Ⅲ.①篮球运动—学前教育—教学参考资料 Ⅳ.① G613.7

中国版本图书馆 CIP 数据核字（2022）第 055793 号

活力篮球
HUOLI LANQIU

胡亚曙　主　编

出版发行：	北京体育大学出版社
地　　址：	北京市海淀区农大南路1号院2号楼2层办公B-212
邮　　编：	100084
网　　址：	http://cbs.bsu.edu.cn
发行部：	010-62989320
邮购部：	北京体育大学出版社读者服务部 010-62989432
印　　刷：	北京建宏印刷有限公司
开　　本：	710mm×1000mm　1/16
成品尺寸：	170mm×240mm
印　　张：	9.5
字　　数：	164千字
版　　次：	2022年4月第1版
印　　次：	2022年4月第1次印刷
定　　价：	49.00元

（本书如有印装质量问题，请与出版社联系调换）
版权所有·侵权必究

编委会

顾　问：周敏芬　钟　声
主　编：胡亚曙
副主编：俞培明　周　倩　龚小丹　俞志波　寿华传　诸海明
编　委：朱锡琴　张晶晶　黄晶璐　许　萍　李王娜　励　微
　　　　何燕芸　王志辉　胡戴波　周　艳　张维维　郑婷婷
　　　　缪　露　王红维　励宇翔　石艳寅　王维雄　崔航丽
　　　　王芳芳　唐　姣　单贝贝　郑丽娜　黄秋瑾　李　娜
　　　　何　荆　江桂珍　陈　琴　俞　洁

前言

从2010年起，姜山幼儿园逐渐将篮球融入体育课程：从最开始的拍球活动，到后来的合作拍球，再到一系列的花式拍球和篮球表演、篮球比赛。通过开展"活力篮球"的研究与实践，姜山幼儿园内形成了和谐快乐的独特运动氛围，同时"活力篮球"成为姜山幼儿园体育教学一道亮丽的风景线。我们以此为契机，充分挖掘篮球课程，细化篮球教材，深化篮球教学，形成了以篮球为特色、带动其他项目体育教学的模式。姜山幼儿园开展的"活力篮球"注重幼儿的游戏体验过程，在自由、开放的游戏氛围中，激发幼儿的运动兴趣，发挥幼儿的主体性，刺激、强化幼儿的感官综合能力，并在合作、商讨、坚持的过程中进一步促进幼儿认知、情感、个性及社会性的发展，从而促进幼儿健全人格的形成，为其可持续健康发展奠定基础。

本书的编写目的，一是把特色项目教学安排进课堂，在教学中渗透"活力篮球"的基本理念；二是更好地、系统性地进行课堂教学。目前，姜山幼儿园首先将"活力篮球"按幼儿不同时期的生理和心理特征进行了有效分类，再按动作掌握的难易程度分别列出小班、中班和大班的教学内容与要求，最终形成不同学段、不同项目、不同要求的评价体系。

本书内容的编写体现了每一位编写教师的教学风格，从教学实际出发，做到备内容、备学情、备场地、备情境、备评价、备目标，以确保教学效果的不断提高，充分体现了学习内容的层次性、系统性。姜山幼儿园将同一学习内容按不同水平进

行纵向排列,每份教案以游戏和比赛为主题进行教学安排,尽量减少单个动作单纯的重复练习,力争将更多的时间花在组合练习及团队合作上。"活力篮球"教学不仅能够有效地提升幼儿的团队合作意识,还能满足幼儿的运动需求,培养幼儿的锻炼习惯,发展幼儿的体育素养。

目录

理论篇

第一章　课题研究 ………………………………………… 2
　魅力指尖　快乐无限——幼儿园"活力篮球"活动的建构与实践 … 2

第二章　经历反思 ………………………………………… 17
　快乐玩篮球　趣味促锻炼——幼儿园趣味篮球活动的实践研究 … 17
　幼儿篮球操指导策略的实践与思考 ………………………… 22
　中班幼儿双手拍双球的实践与思考 ………………………… 26
　魅力篮球　快乐竞赛——关于大班幼儿篮球比赛的实践与研究 … 29
　花样拍球培养中班幼儿合作能力的方法探究 ……………… 36
　当篮球遇上民间体育游戏——以民间体育游戏为载体开展
　幼儿篮球教学的实践研究 …………………………………… 40

实践篇

第三章 小班篮球活动及游戏 ······ 50

第一节 小班篮球活动 ······ 50
熊猫滚球 ······ 50
你追我赶 ······ 52
抢球大战 ······ 53
猫抓老鼠 ······ 54
老狼老狼几点了 ······ 56
看谁拍得多 ······ 58
小兔投球 ······ 60
篮球宝宝穿山洞 ······ 61

第二节 小班篮球游戏 ······ 63
保龄球 ······ 63
小篮球找朋友 ······ 64
小兔运球 ······ 66
小蛇游游 ······ 67
击鼓传球 ······ 68
胯下传球 ······ 69
快快接住它 ······ 70
拯救鸭蛋行动 ······ 71
老狼来了静悄悄 ······ 72
我们都是木头人 ······ 73
送篮球宝宝回家 ······ 74
小兔抱西瓜 ······ 75

第四章 中班篮球活动及游戏 ······ 76

第一节 中班篮球活动 ······ 76
球球转转转 ······ 76
看谁拍得多 ······ 78

帮助农民伯伯抢丰收 ………………………… 79

　　木桩游戏 …………………………………… 81

　　S线运球 ……………………………………… 82

　　小丑运球 …………………………………… 84

　　篮球旅行记 ………………………………… 85

　　击鼓传接球 ………………………………… 87

　　老狼老狼几点了 …………………………… 88

　　听节奏拍球 ………………………………… 90

　　投篮高手 …………………………………… 91

第二节　中班篮球游戏 ………………………… 93

　　网小鱼 ……………………………………… 93

　　首尾相连 …………………………………… 94

　　奇趣夺宝 …………………………………… 95

　　捕鱼高手 …………………………………… 96

　　木屋探险 …………………………………… 97

　　过独木桥 …………………………………… 98

　　我只相信你 ………………………………… 99

　　篮球碰一碰 ………………………………… 100

　　投篮赛 ……………………………………… 101

　　跳动吧，篮球 ……………………………… 102

　　篮球保卫战 ………………………………… 103

　　听音乐传球 ………………………………… 104

　　大鲨鱼来了 ………………………………… 105

　　跳球进退 …………………………………… 106

　　疯狂升降机 ………………………………… 107

第五章　大班篮球活动及游戏 ………………… 109

第一节　大班篮球活动 ………………………… 109

　　急停急起 …………………………………… 109

　　螃蟹运球 …………………………………… 110

喜羊羊炸狼堡 ··· 112
　　投篮小能手 ··· 114
　　老狼老狼几点了 ··· 115
　　交替拍球乐 ··· 117
　　单手胯下运球 ··· 118
　　双手交替胯下运球 ··· 120

第二节　大班篮球游戏 ··· 121
　　红绿灯 ··· 121
　　找朋友 ··· 122
　　抢占高地 ··· 123
　　投篮高手 ··· 124
　　快速占圈 ··· 125
　　抢球大战 ··· 127
　　防守达人 ··· 128
　　勇闯火线 ··· 129
　　小小企鹅 ··· 130
　　手可摘星辰 ··· 131
　　球球接力赛 ··· 132
　　鱼雷大作战 ··· 133
　　护送小羊回家 ··· 134
　　环保小卫士 ··· 135
　　小羊倌赶羊 ··· 136
　　小螃蟹回家 ··· 137
　　谁是积分小赢家 ··· 138

后记 ··· 140

理 论 篇

第一章　课题研究

魅力指尖　快乐无限
——幼儿园"活力篮球"活动的建构与实践

一、研究缘起与意义

（一）"活力篮球"的实施基础

2010年起，姜山幼儿园逐渐将篮球融入体育课程：从最开始的拍球活动，到后来的合作拍球，再到一系列的花式拍球和篮球表演、篮球比赛。姜山幼儿园在此基础上还组织了形式多样的各种活动，如拍球频次达人赛、拍球花样达人赛、拍球表演秀、篮球体操表演等。

（二）"活力篮球"的实施价值

1. 促进幼儿的多元发展

篮球运动是一项全身性的运动，对幼儿各方面能力和素质的提高具有显著价值：一是有助于培养幼儿勇敢顽强的意志品质；二是有利于培养幼儿敏锐的观察力、判断力和反应能力；三是能够促进幼儿速度、耐力、灵敏、协调等素质的全面发展，改善幼儿器官系统功能；四是有助于培养幼儿合作和自主创造的能力。

2. 形成鲜明的办园特色

通过开展"活力篮球"的研究与实践，姜山幼儿园形成了和谐快乐的独特运动氛围，同时"活力篮球"成为姜山幼儿园体育教学一道亮丽的风景线。我们以此为契机，充分挖掘篮球课程，细化篮球教材，深化篮球教学，形成了以篮球为特色、带动其他项目体育教学的模式。

（三）"活力篮球"的实效收益

1. **幼儿潜力的突破**

姜山幼儿园开展的"活力篮球"注重幼儿的游戏体验过程，在自由、开放的游戏氛围中，激发幼儿的运动兴趣，发挥幼儿的主体性，刺激、强化幼儿的各类感官综合能力，并在合作、商讨、坚持的过程中进一步促进幼儿认知、情感、个性及社会性的发展，从而促进幼儿健全人格的形成，为其可持续健康发展奠定基础。

2. **幼儿教学的挑战**

姜山幼儿园进行的"活力篮球"具有趣味性、花样性，也具有挑战性和发展性。姜山幼儿园教师多为女性，其对球的掌控、花式玩球等能力较弱，开展此活动不仅提升了姜山幼儿园教师的教学能力，还彰显了姜山幼儿园个性化、特色化的教育。

二、相关研究综述

篮球运动于1895年传入中国，至今已有100多年的历史。现在对篮球运动在学校中的研究大多是针对中小学的篮球运动进行研究，且多是关于技术培训、规则知识、实战训练、竞赛精神方面的培养等的研究，缺少多方位元素融合的研究。综合国内外的研究发现，现有研究多为零碎的案例、班级实践或是某年龄段的分层实践经验，缺少成体系、连贯一致的篮球运动实践研究。姜山幼儿园开展的"活力篮球"冲破了以技能为主的活动模式，本着能力与趣味相结合、技能与游戏相结合、课程与活动相结合的原则，将课程与活动有机渗透，非常符合3~6岁幼儿的生理、心理特征，适合在幼儿园中推广。

三、研究设计

（一）概念界定

"活力篮球"是指以篮球为依托，普及与提高相结合，主要通过花式玩球、合作玩球、多元拍球、游戏玩球等形式，发展幼儿的良好体格、拍球能力、合作能力、竞争意识、公平意识，以及培养幼儿不屈不挠的意志品质等，并有机渗透到幼儿园教育教学的各个层面，形成合力，作用于幼儿，促进幼儿整体素质提高的一项活动。

（二）研究目标

（1）增强幼儿的体质，提高幼儿动作的灵敏性，促进幼儿合作能力、自主探究能力等能力的提升。

（2）整理、搜集符合幼儿不同年龄层次的篮球教学目标、教学内容、教学模块设计、构建方法及教学指导策略。

（3）形成幼儿园篮球特色教学的课堂教学基本模式。

（三）研究思路

1. 研究路径

"活力篮球"研究经历了以下7个阶段，见图1-1。

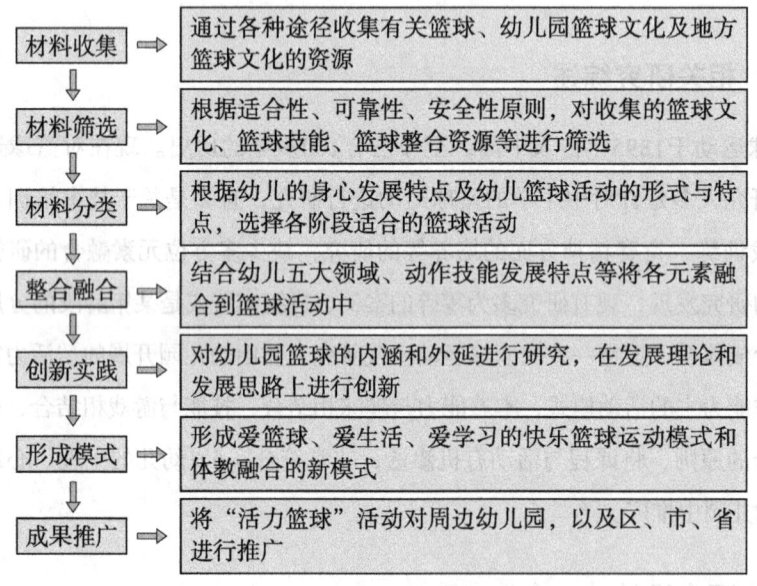

图1-1　"活力篮球"研究的7个阶段

2. 研究方法

（1）调查法。针对姜山幼儿园幼儿篮球活动进行现场记录，运用测量、评价等方法及时获取反馈信息，针对幼儿年龄特点及个体发展情况适时调整研究进程、方法，以便达成研究目标。

（2）行动研究法。了解幼儿兴趣、需要，观察幼儿在运动中的表现，分析教师

在教育活动中的教育行为等，积累研究的具体资料，并在实施过程中进行评价、调整和完善。

四、研究过程

（一）"活力篮球"的建构模式

通过"活力篮球"的建构，幼儿能够切身体会到篮球运动的魅力，从而在不知不觉中爱上这项运动，并积极投身到这项运动中，有效落实每天一小时体育锻炼的要求，形成"活力篮球"幼儿园特色文化，促进幼儿的身心健康发展。"活力篮球"的建构模式如图1-2所示。

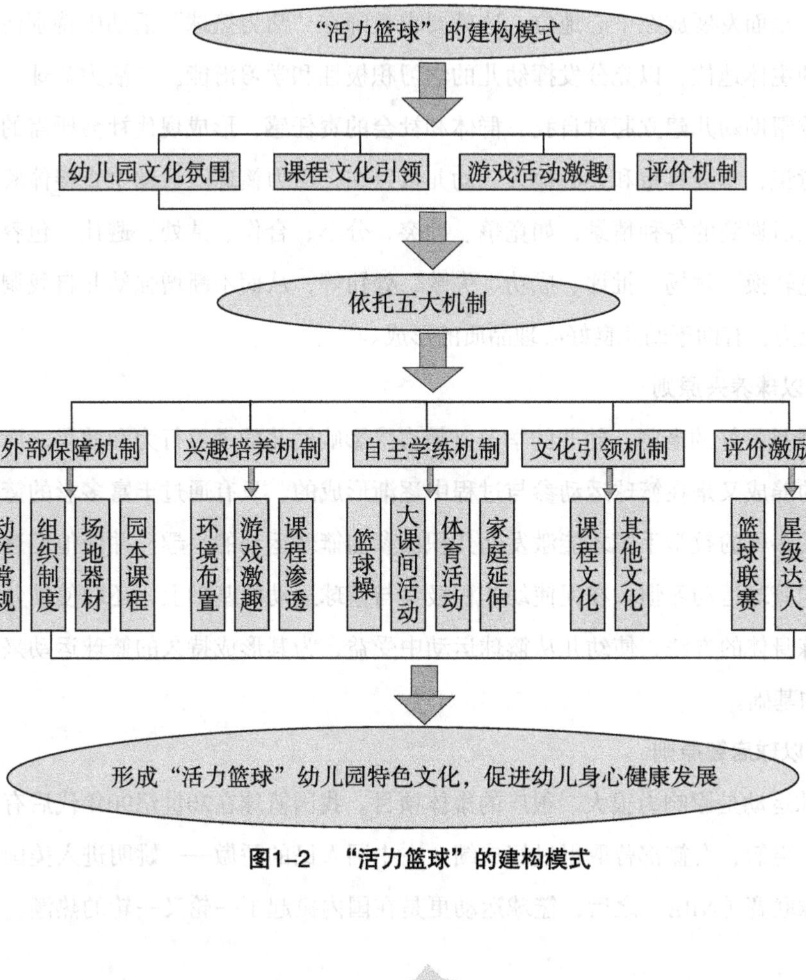

图1-2 "活力篮球"的建构模式

（二）"活力篮球"建构的基本原则

1. 以球健体原则

幼儿阶段正是幼儿身体发育和成长的关键时期，因此，为了保证和促进幼儿的健康，必须让幼儿进行体育活动，树立"健康第一"的思想，以促进幼儿身体健康水平、心理健康水平和社会适应能力的提高。篮球运动涉及技能、认知、情感、行为等领域。按照健康的要求，我们选取了与篮球互动关系密切的生理、心理、卫生保健、社会、安全、营养等内容，真正关注幼儿的健康意识、锻炼习惯和卫生习惯的养成，力求把健康的要求落到实处，促进幼儿健康成长。

2. 以球润品原则

篮球运动关注的核心是满足幼儿的需要和重视幼儿的情感体验，始终把幼儿的主动、全面发展放在中心地位。这就要求教师在"活力篮球"活动中特别注意体现幼儿的主体地位，以充分发挥幼儿的学习积极性和学习潜能。"活力篮球"活动设计注重帮幼儿建立起对自我、群体和社会的责任感，形成现代社会所需的合作与竞争意识，学会尊重和关心他人。幼儿可以在"活力篮球"活动中直接体验近似于社会上所遇到的各种情景，如竞争、冲突、分享、合作、共处、避让、包容、突变、角色转换、赞扬、批评、成功、失败、处罚等，从而不断增强幼儿自我调控的意识和能力，有助于幼儿良好心理品质的形成。

3. 以球养兴原则

兴趣是最好的老师，幼儿的学习兴趣直接影响幼儿的学习行为和效果，而兴趣与习惯的养成又是在篮球运动参与过程中逐渐形成的。只有通过丰富多彩的篮球活动和形式多样的教学手段才能激发幼儿积极参加篮球运动的兴趣，并使他们逐渐养成良好的篮球运动习惯。在促使幼儿积极参与篮球运动的基础上，还应使幼儿懂得科学锻炼身体的方法，使幼儿从篮球运动中受益，为其形成持久的篮球运动兴趣奠定良好的基础。

4. 以球启智原则

篮球运动是影响力很大、很广的集体项目。我国篮球在20世纪90年代后有很大的进步，男篮、女篮都曾取得过好成绩。在中国人民的骄傲——姚明进入美国男子职业篮球联赛（NBA）之后，篮球运动更是在国内掀起了一轮又一轮的热潮。姜山幼儿园进行"活力篮球"建构，顺应时代潮流，大力弘扬民族精神，能让每名幼儿通过篮球运动增强为国争光的责任心、荣誉感。

（三）"活力篮球"建构的有效途径

1. 动力篮球课

动力篮球课是姜山幼儿园"活力篮球"活动实施的重要途径。姜山幼儿园根据幼儿的发展状况设计了体育教学计划与内容，并实时依据幼儿的发展状况不断调整教学进度与内容，注重教学活动游戏化、实践化。姜山幼儿园在动力篮球课中更重视篮球训练的质量，在加强能力、培养心理品质的同时注意经验习得，以便对症下药。

2. 活力篮球操

姜山幼儿园的特色早操之活力篮球操是教师和幼儿一起创作的、每个班级都独一无二的篮球操。活力篮球操是根据音乐的节奏，幼儿通过上肢、下肢、躯干等部位的动作配合，结合投篮、传球、拍球等篮球基本动作，以适宜性、趣味性、合作性为原则创编的幼儿特色早操，极具表演性、观赏性和趣味性。

3. 角力篮球赛

（1）篮球知识智力赛。姜山幼儿园开展有关篮球知识的智力竞赛活动，活动中的所有竞赛题均与篮球有关，题型分为抢答题、辨析题和情景分析题。获胜者可被评为"篮球知识小博士"等。

（2）篮球技能竞技赛。结合姜山幼儿园的主题、节日、节庆等活动，各年龄段根据幼儿年龄特点开展"篮球达人秀""球频比赛""灌篮高手"等篮球技能竞技赛。

（3）"篮球宝贝"表演赛。在每年的姜山幼儿园体育节上都会有"篮球宝贝"表演赛，一群群可爱的"篮球宝贝"拉开了帷幕，整齐的队伍、动感的音乐、精湛的球技，热闹非凡。

（4）"活力篮球"对抗赛。姜山幼儿园定期邀请对篮球运动有兴趣的家长来园和幼儿进行篮球亲子活动，定期进行师生间、幼儿间的友谊赛——"活力篮球"对抗赛，在比赛中让幼儿感受师生间的平等和同伴间的友情。

（四）"活力篮球"的评价体系

教育的成效只有通过适当的评价才能体现出来。课程评价是促进课程目标实现和

理论篇

课程建设的重要手段。篮球课程评价建立在促进幼儿素质全面发展的基础上，避免注重终结性评价而忽视过程性评价的状况。在构建"活力篮球"评价体系时，姜山幼儿园把幼儿的情感表现与合作精神、体能、学习态度、知识与技能纳入学习成绩评定的范围，并让幼儿参与评价，以体现幼儿学习的主体地位，提高幼儿的学习兴趣。

1. 评价的目的

（1）了解幼儿学习情况及达成篮球教学目标的程度。

（2）了解幼儿在篮球学习过程中存在的不足及原因，改进教学。

（3）为幼儿提供展示自己能力、水平、个性的机会，并鼓励和促进幼儿进步与发展。

（4）培养与提高幼儿自我认识、自我教育的能力。

2. 评价的重点

（1）与篮球相关的技能、体能与态度。

（2）与篮球相关的知识与知识运用能力。

（3）篮球单项技术掌握水平与技术运用能力。

（4）篮球学习的过程评价。

3. 评价的内容

（1）情感表现与合作精神：幼儿在篮球学习中的情绪、自信心和意志表现，对他人的理解与尊重，交往与合作精神。

（2）体能：与篮球活动相关的动作能力。

（3）学习态度：对待篮球活动的态度，以及在运动和锻炼活动中的表现。

（4）知识与技能：对篮球知识的认识、科学锻炼方法的掌握、有关健康知识的掌握与运用。

（五）"活力篮球"的保障措施

1. 建立工作网络，加强组织领导

姜山幼儿园将"幼儿园'活力篮球'活动的建构与实践"作为幼儿园大课题，全面推进"今天行动计划"，把"全面开展篮球运动，激发兴趣技能"作为幼儿园的一项长期重点工作，促进幼儿园教育改革的可持续发展。近几年来，姜山幼儿园根据以前的经验，本着科学、严谨、与时俱进的态度，在园领导的大力组织下，加大了对篮球运动的投入，并且制订了一系列发展计划，将幼儿园打造成为篮球特色

幼儿园,将篮球运动作为幼儿园的特色来发展。

2. 开展全面培训,提升观念认识

(1) 全员:教师、幼儿、家长。

(2) 多形式:自学、集体学习、交流讨论、培训等。

(3) 多渠道:幼儿园网、图书、宣传画廊、家长信、各类会议等。

3. 健全工作制度,构筑保障体系

(1) 落实课时、教材、教师、评价等。

(2) 制定"今天行动计划"行事历。

(3) 工作例会制度(领导小组每学期3次,工作小组每月1次)。

(4) 教研活动制度(每月不少于1次)。

(5) 工作检查制度(参与教研、听课评课、抽查幼儿、比赛展示)。

(6) 教育评估制度(教研组、教师、幼儿)。

(7) 奖励表扬制度。

(8) 档案管理制度。

(9) 才艺展示制度。

4. 搭建活动平台,彰显幼儿才艺

每学期举办1次综合性的大型展示活动,不定期举办单项的小型展示活动。

5. 完善评价机制,开发园本课程

(1) 教研组:优秀教研组、优秀年级组评选。

(2) 教师:设立"教育科研奖""课堂教学奖""幼儿技术辅导奖"等。

(3) 幼儿:优秀篮球手、幼儿园篮球明星、技术能手等的评选。

五、实践成效

(一) 幼儿"强"了:有效提升了幼儿运动兴趣、社会适应能力和综合素质

1. 保证每天一小时体育锻炼

为了保证每位幼儿有组织、有计划、科学地落实"活力篮球"的各项常规,经调查研究,姜山幼儿园对幼儿每天参加篮球活动的时间进行了统计,见表1-1。

表1-1　幼儿每天参加篮球活动的时间　　　　　　单位：分钟

大课间	午间	晨间	户外	家庭	总时间
15	15	10	15	20	75

表1-1显示，幼儿每天参加篮球活动的总时间达到75分钟，时间分配科学合理，幼儿每天一小时体育锻炼得到了保证。

2. 幼儿运动兴趣和社会适应能力明显提升

（1）幼儿对"活力篮球"表现出极大的兴趣。儿童心理学研究表明，兴趣是最好的老师。儿童对事物的态度、兴趣是他们重要的价值取向。

调查显示，有96.5%的幼儿认为"活力篮球"趣味性强，希望幼儿园长期开展此项活动，表现出强烈的兴趣；有86.6%的幼儿有自备器材；有87.7%的幼儿表示课间自觉玩篮球；有75.7%的幼儿表示在园外自己也参加篮球活动。"活力篮球"激发了幼儿对篮球运动的兴趣，使幼儿养成锻炼的习惯。

（2）幼儿的社会适应能力明显提升。如表1-2所示，通过将"活力篮球"引入每天一小时体育锻炼内容后，幼儿的社会适应能力、对体育的兴趣都有了明显提升。同时，幼儿体育锻炼方法的科学性、创新意识、团队精神、责任感也都有了明显提升。这说明开展"活力篮球"对幼儿的发展是积极有效的，培养了幼儿的兴趣，使其形成了参与体育锻炼的习惯。

表1-2　实验前后幼儿的社会适应能力情况

类别	实验前/%	实验后/%	对比增减/%
与朋友一起玩篮球	45.2	76.7	↑31.5
玩篮球时同伴间能相互配合	44.3	88.7	↑44.4
玩篮球时给同伴更多的机会	37.4	68.8	↑31.4
玩篮球时给同伴提供帮助	48.2	86.7	↑38.5

3. 幼儿综合素质明显提升

（1）大部分幼儿对篮球运动有了浓厚的兴趣。幼儿通过各种练习提高了篮球学习的效率，养成了认真练习、珍惜时间的好习惯。

（2）幼儿由不敢提问、不懂提问转变为敢提问、乐提问、善提问。

（3）幼儿养成了良好的互助习惯。

（4）幼儿养成了合作学习的习惯、善于思考的习惯，课堂气氛活跃，幼儿越来越自信。

（5）幼儿的身体素质得到了发展。

（6）幼儿之间能够互相合作、互相关心。

（7）幼儿养成了自我完善、自我激励的习惯。

（二）教师"能"了：极大地提升了教师篮球活动的设计和指导能力

研究期间，姜山幼儿园每个学期都会围绕如何开展篮球活动进行研讨，在研究中不断总结，完善方案，无论平时上课、每学期组内教研课还是公开课，教师都关注在课上培养了幼儿哪些篮球技巧和应用知识，使教研有了共同话题，提高了篮球教学水准。教师都认识到以下几点。①教育教学研究与改革必须以幼儿发展为本，遵循幼儿思维、生理发展规律，以激发幼儿内在的动机为核心，培养幼儿的学习习惯。这有利于幼儿终身发展。②素质教育的主渠道为课堂教学。把篮球知识贯穿于幼儿学习活动的各个阶段是教育教学的核心。③教师开发课程的能力得到了提高，不仅能开发篮球园本课程，而且还能开展与篮球相关的其他活动。

（三）园所"亮"了：园本特色教育质量和品牌初显

1. 办园水平高了

付出总有收获。经过两年多的研究与实践，姜山幼儿园编写了一套适合幼儿园篮球运动的园本教材。此教材结合幼儿园的特点，全面地从篮球的教育、教学、业余训练等方面入手，紧贴实际，使幼儿园的传统项目得到了系统化、全面化、科学化的整体提升，并且将组织的比赛正规化、系统化。现在姜山幼儿园的篮球赛事有"六一篮球赛""迎新年篮球赛""班级联赛"三大赛事，为幼儿提供了更多展示的舞台，并且为幼儿园的篮球运动营造了更浓烈的氛围。

2. 社会声誉高了

姜山幼儿园篮球宝贝于2013年12月参加了女子篮球比赛中场表演，获得好评。姜山幼儿园篮球活动开展多年，积累了较多的活动经验，在活动实施中也开创了多

种活动形式，如篮球达人秀、篮球游戏、篮球操等，且已经进行录像收集留档。姜山幼儿园在浙江省幼儿体育大会的篮球比赛中获得过多个一、二、三等奖。

姜山幼儿园开展"活力篮球"活动以来，取得了良好的效果。一是幼儿的身体素质显著提高。通过每天坚持体育锻炼，幼儿各项体质健康指标提高幅度明显。二是家长和孩子的交流时间多了，亲子关系更加密切。三是革除了幼儿的一些陋习。活动开展一段时间以来，部分家长反映，幼儿减少了看电视的时间，增加了参与感兴趣的体育活动的时间，增进了身心健康。家长对孩子参加"活力篮球"活动支持率较高，形成了良好的篮球运动氛围。

（四）课程"显"了：园本特色篮球课程体系形成

1. "活力篮球"课程目标

（1）课程总目标。

①增强幼儿的体质，提高幼儿的身体素质（包含速度、耐力、力量、平衡、灵敏、柔韧等）。

②使幼儿学习基本的篮球技能（拍球、运球、传球、投篮等），能运用基本的篮球技能进行游戏、比赛。

③使幼儿了解相关的篮球文化（篮球构造、篮球明星、篮球赛的基本规则和裁判身体语言等）。

④培养幼儿良好的情绪、坚强的品质、积极的态度、开朗的性格，促进幼儿身心健康发展。

（2）课程分目标。

小班课程目标与要求见表1-3。

表1-3 小班课程目标与要求

目标	要求
1. 认识篮球，了解篮球的基本构造	能简述之
2. 能进行两人以上合作的滚球游戏	会相互协作
3. 能用双手将球在自己的正下方击地，并用双手接住	垂直击地，弹起接球
4. 能单手连续拍球，学习左右手交替拍球	连续60次以上

续表

目标	要求
5. 能双手自抛自接球和单手抛双手接球	抛直、接稳
6. 乐意参与篮球操表演，尝试跟着音乐进行律动	体验节奏感

中班课程目标与要求见表1-4。

表1-4　中班课程目标要求

目标	要求
1. 能原地双手同时或交替拍双球	连续40次以上
2. 能单手运球绕过障碍物，将球运到指定位置	会变向及身体跟进
3. 能进行快速直线运球	控稳球、快速进、重心低
4. 能与教师或同伴在一定距离内进行触地反弹接球	能找到击点位置
5. 学习基本的投篮姿势（倒马桶式）	体验用力及弧度
6. 喜欢观看篮球赛，初步了解篮球规则	知道两三条相关规则
7. 有自己崇拜的篮球明星（结合本园小明星）	学习榜样
8. 喜欢参与篮球操表演，能跟着音乐节奏表演篮球技能	肢体与节奏相配合

大班课程目标与要求见表1-5。

表1-5　大班课程目标与要求

目标	要求
1. 能掌握双手同时或交替拍双球	连续80次以上
2. 能掌握行进间曲线运球和行进间双手同时运双球	控稳球、重心低
3. 能进行运球的急起急停和快速运球	重心稳、反应快
4. 学习基本的投篮方法（如胸前投篮、行进间运球上篮）	学习三步上篮
5. 了解基本的篮球规则、裁判手势等	了解最基本的篮球规则、裁判手势
6. 认识国内外篮球明星，了解篮球的历史和发展，评选本年级（园）小明星	争当班级小明星
7. 能在篮球活动中，形成一定的竞争意识和合作意识	互帮、互学、互探
8. 积极参与篮球操表演，尝试创编花式篮球动作	肢体动作优美

2. "活力篮球"课程的主要形式

"活力篮球"课程的主要形式见图1-3。

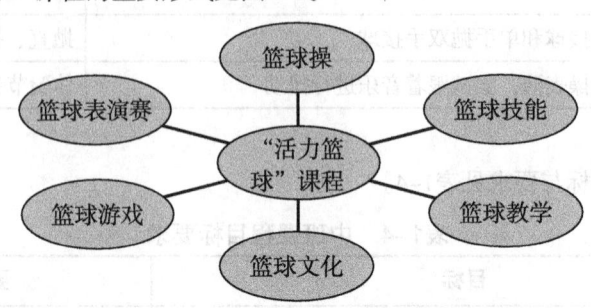

图1-3　"活力篮球"课程的主要形式

3. "活力篮球"课程的主要内容

"活力篮球"课程的主要内容见表1-6。

表1-6　"活力篮球"课程的主要内容

课的类型	主要内容
篮球操	根据音乐的节奏，通过幼儿上肢、下肢、躯干等部位的动作配合，结合投篮、传球、拍球等篮球基本动作，以适宜性、趣味性、合作性为原则创编的幼儿特色早操，极具表演性、观赏性和趣味性
篮球技能	球性练习：滚球游戏 运球：原地运球、行进间运球、单手运球、双手运球、高低运球、控制性运球、变速运球、快速运球、运球急停等 传球：原地胸前传球、双人传接球、多人传接球、行进间传接球等 投篮：定点投篮、三步上篮、行进间投篮、打板投篮等 防守：滑步、左右滑步等
篮球教学	社会：通过篮球项目的开展，让幼儿学会与同伴交往、分工合作 艺术：以篮球为主题进行绘画创作，以篮球为媒介，根据音乐节奏，表演篮球操等 健康：通过篮球运动，提高幼儿的身体素质 语言：在篮球活动中锻炼幼儿的语言表达和倾听能力 科学：运动计数、三角传球、篮球制造工艺 家园共育：组织亲子篮球活动，增强亲子之间的感情
篮球文化	篮球的外形、篮球的构造、画篮球、画篮球场、画篮球比赛、设计篮球服装等 认识篮球明星、了解篮球明星故事等 了解篮球基本规则、裁判身体语言等 了解篮球比赛礼仪、观赏篮球比赛

续表

课的类型	主要内容
篮球游戏	小篮球找朋友、小兔运球、击鼓传球等
篮球表演赛	花式篮球表演赛（分个人、亲子、班级、年级等）

六、成果特色与创新

（一）推出了一套值得借鉴的"活力篮球"的建构模式

姜山幼儿园推出了一套值得借鉴的"活力篮球"的建构模式，即有效落实每天一小时体育锻炼的模式，在幼儿园特色文化建设中进行积极的探索和尝试。这样既能满足幼儿多样性的需求，又能满足幼儿学有所长的需求，系统性强，操作性强，为其他幼儿园提供了一种借鉴模式，也为目前许多幼儿园存在的幼儿园文化建设难把握和难落实每天一小时体育锻炼的问题提供了一个思考的方向。以篮球为主要载体，以篮球运动为手段和平台，以幼儿园为环境圈，以地方文化和民族文化为背景，以幼儿为主体，在家庭、社会的共同参与下，姜山幼儿园开展以篮球为特色的园本小篮球教育、课题研究、幼儿活动，创建以"活力篮球运动为特色教育"的外部表现形式，衍生以"发展个性，崇尚集体协作，最后实现自我超越"为内涵的篮球精神，形成浓郁的篮球文化氛围和鲜明的办园特色。

（二）"五大机制"力保"活力篮球"的建构模式长期有效

为了有效实施"活力篮球"的建构模式，姜山幼儿园构建了"外部保障机制""兴趣培养机制""自主学练机制""文化引领机制""评价激励机制"，积累形成了系统化、多样化的长期有效的以"活力篮球"幼儿园特色文化建设为主要内容的幼儿园文化建设模式。

（三）"活力篮球"成为家园沟通、亲子沟通的助推器

"活力篮球"在幼儿园的广泛开展，通过家园共育，唤起了家长陪伴孩子的兴趣，孩子和家长的情感交流自然地融入篮球游戏，家庭中的亲子关系在篮球游戏的影响下更加融洽。篮球游戏是促进和改善亲子关系的载体，它架起了孩子和家长情感交流的桥梁，为构建和谐社会奠定了很好的家庭基础。

篮球运动让幼儿获得的不仅是健康的体魄，还有良好的行为习惯和意志品质。

从壮观的篮球操到激烈的篮球赛,每一名幼儿在篮球运动中都充满了阳光、快乐与幸福,每一名幼儿都是那样灵活、机智与果断,那样开朗、豁达与自信。每一名幼儿在篮球运动中获得的竞争意识、团队合作意识,都辐射迁移到他们的生活、学习中,让他们更加健康、快乐、幸福地成长。

第二章 经历反思

快乐玩篮球 趣味促锻炼
——幼儿园趣味篮球活动的实践研究

黄秋瑾

一、幼儿园开展趣味篮球活动的内容尝试

（一）活动目标

幼儿园趣味篮球活动将篮球与游戏有效结合，能够激发幼儿对篮球运动的热爱，使幼儿的身心得到全面发展。篮球与游戏结合，不仅符合幼儿的年龄特点——以游戏为一日活动的主要方式，也有利于幼儿在游戏中充分发挥自主性、探索性，使幼儿的篮球技能得到锻炼和提高。

不同年龄段的幼儿对趣味篮球活动的适应能力不同，所能掌握的技能也不尽相同。为了在幼儿园更好地开展趣味篮球活动，笔者制定了以下目标，见表2-1。

表2-1 各班趣味篮球活动目标

内容	小班目标	中班目标	大班目标
练习接球	利用手或者手臂直接接球或者接落地后反弹的球	1. 敢于伸手接住弧线投球 2. 能够熟练地接落地后反弹的球，接球的准确率为90%以上 3. 能够左右移动位置接球	1. 能够采用正确的姿势接球，利用手臂缓冲球的力量 2. 在接到球以后可以连续做其他传球动作
练习传球	能够与教师或者同伴在1米内的距离进行触地传球	1. 能够与教师或者同伴在2米内的距离进行触地反弹传球 2. 能够运用手部力量将球传到指定地点	1. 能够快速、准确无误地将球传到指定地点 2. 能够两人越障碍传球 3. 能够两人移动传双球、多人传球

续表

内容	小班目标	中班目标	大班目标
练习运球	能够左右手交替运球，将球运到指定地点	1. 能够用有效的动作有节奏地拍球，速度在每分钟50次以上 2. 能够单手运球过障碍物，将球运到指定地点	1. 能够在双手运球的状态下对他人的运球进行干扰，并能控制好自己的球 2. 能够运球准确地绕开障碍物
练习投篮	能够向1.2米高以下的篮筐投篮	能够基本掌握投篮姿势，向1.5米高的篮筐投篮	1. 能够较熟练地掌握投篮姿势 2. 能够向1.5米高以上、2米远的篮筐投篮

（二）活动内容

　　幼儿园趣味篮球活动内容的选择要参照不同年龄段幼儿的动作发展水平，给予幼儿适当的"脚手架"，让幼儿在有计划、有组织的趣味篮球活动中跨越"最近发展区"，提高篮球运动技能，增强体质。幼儿园趣味篮球活动内容见表2-2。

表2-2　幼儿园趣味篮球活动内容

班	活动内容
小班	"我和球宝宝是朋友""我拍，我拍，我拍拍拍""送球宝宝回家""双人滚球""谁拍得高、拍得快""向前、后抛球""我接的球最多""我绕球球跑""袋鼠妈妈带球跳跳""你来扔球，我来追""运球我最强""1、2、3一起抛"
中班	"接球我最棒""我拍的球会唱歌""螃蟹运球""我的头会传球""小鸡啄米""抛起，接牢""皮球围我转""球宝宝走迷宫""球和我比跳高""老鼠追小兔""立定投篮""两人炒黄豆""盲人拍球""我滚的球最准""我能连着拍"
大班	"看谁抛得高""胯下滚球""点地飞弹""传球接力""快速运球""拍球越障碍""捡捡拍拍""你争我夺""双腿夹球跳""我抱的球最多""拍球花样大比拼""双人合作运球""比比谁的力气大""弹跳接球""侧向传球""我能带球跑"

二、幼儿园开展趣味篮球活动的实践尝试

（一）日常生活，趣味开展

在日常生活中开展趣味篮球活动，能提高幼儿对篮球运动的兴趣，使幼儿在潜移默化中接受篮球教育。为了在日常生活中加强幼儿身体锻炼的密度和强度，教师可以充分利用一日生活中的各个时间段开展趣味篮球活动。

（1）利用晨间活动时间，让幼儿在运动区内进行拍球游戏，锻炼幼儿的手脚协调能力。

（2）利用课间活动时间，引导幼儿徒手拍球或者抱球，增强幼儿对球的感觉，使幼儿在以后的练习中能够控球自如。

（3）餐后，带领幼儿在活动场地互相传球、滚球，提高幼儿的合作意识。

（4）放学前，组织幼儿玩篮球，提高幼儿玩篮球的兴趣和控球能力。

总之，教师要充分利用日常闲暇，将趣味篮球活动贯穿幼儿的生活，使幼儿在轻松、愉快的状态下完成趣味篮球活动。

（二）设定情境，丰富内容

在趣味篮球活动中适当设定情境，能够激发幼儿的学习兴趣，促使幼儿主动投入趣味篮球活动。在设定情境时，教师需要注意如下事项：①情境必须与趣味篮球活动内容相符，通过情境的设置达到趣味篮球活动目标；②情境的设置需要简单、易懂，使幼儿能够领会情境的内容，能在教师的引领下进入情境；③教师设置的情境要具有趣味性，使幼儿能够接受并愿意参与到情境中；④情境的设置要符合幼儿的身体和心理发展水平，保证情境内容的安全性和健康性。

例如，在趣味篮球活动中可将跑道作为设定情境的基础。教师："小朋友们看看我们幼儿园的跑道像什么？"幼儿的联想能力极其丰富，可能会说像小河、像火车轨道、像地毯等。教师："小朋友们说得真好，现在你们要完成的任务就是找好朋友分别站在小河两边，看看谁能将篮球抛过小河。"教师为幼儿示范传球、接球的动作。这样的情境设置可以增强趣味篮球活动的趣味性，使幼儿更好地投入趣味篮球活动。又如，对于大班幼儿，教师可以让幼儿把篮球想象成好朋友，要求幼儿将好朋友安全地送回家，只能拍不能抱，所以幼儿要一边走一边拍球，一直到指定

的位置。这样的情境设置与单纯的拍球游戏相比，更能吸引幼儿的注意力，使幼儿在轻松、愉快的状态下完成趣味篮球活动。幼儿将篮球视为好朋友，会更加认真地去完成任务，建立与篮球的感情，为以后的篮球活动打下良好的基础。

（三）合理教学，促进发展

基础趣味教学是面向全体幼儿开放的教学课程，也是幼儿应该掌握的课程，可以从趣味篮球活动教学和趣味篮球游戏教学两个方面进行。

1. 趣味篮球活动教学

趣味篮球活动教学是指在教学中根据不同年龄段幼儿的特点及运动水平编排律动感较强的篮球操。其主要目的是激发幼儿对篮球学习的兴趣，提高幼儿的身体素质，促进幼儿的体能发展。

趣味篮球活动包括跑、跳、手部运动、腰部运动等基本动作，教师根据幼儿的能力水平选择不同节奏的音乐，根据音乐的节奏，将基本动作编排成简单、具有律动感的篮球操，以此来培养幼儿身体的灵活性和协调性。根据不同年龄段幼儿的发展需要，教师要编排不同的篮球操，提高幼儿的协调性。

2. 趣味篮球游戏教学

趣味篮球游戏教学是将篮球教学与游戏有机结合，增强篮球教学的趣味性。例如，运球游戏，小班幼儿的运球规则：幼儿可以通过任何方式运球，在规定的时间内谁运的球最多谁获胜；中班幼儿的运球规则：用双手准确地将球运到指定的位置，在规定的时间内谁运的球最多谁获胜；大班幼儿运球的规则：绕障碍物运球，不得碰到障碍物，否则重新开始，在规定的时间内谁运的球最多谁获胜。通过这样的游戏设置，幼儿会主动参与到游戏中，并且获得乐趣，激发对篮球运动的热情。

三、幼儿园开展趣味篮球活动取得的成效

幼儿园趣味篮球活动得到了上级领导的关心和支持。这促使教师抓好幼儿篮球训练。幼儿园趣味篮球活动取得了一定的成效。

（1）篮球操是幼儿园的一个亮点，以篮球为主旋律，以游戏趣味性为主旨，将篮球融入早操。每天早上，幼儿伴着音乐，快乐地跳着动感十足的篮球操，享受着

运动的快乐。

（2）每年在幼儿园游戏节开幕式、闭幕式上，各班都会进行篮球操表演；幼儿园还会开办篮球趣味亲子运动会，进行各项篮球游戏的竞赛和亲子篮球操表演。这让更多的家长参与到篮球运动中来，融入篮球运动。

（3）幼儿园大班建立了篮球队，每学年通过自愿报名、篮球考核的方式，挑选优秀的幼儿成为幼儿园篮球队的队员。幼儿园篮球队曾在正规篮球比赛中场演出，引起全场轰动；还曾在一些幼儿篮球比赛中获得团体二等奖和团体一等奖。

所有成绩的取得都离不开教师的辛勤汗水，笔者相信在趣味篮球活动的陪伴下，幼儿园的幼儿会越来越阳光、越来越健康。

四、结论与建议

（1）趣味篮球活动不仅能够提高幼儿的身体素质和运动能力，还对幼儿的心理发展和性格培养具有重要的作用。所以，在开展趣味篮球活动时，教师需要有针对性地制定目标、内容，保证趣味篮球活动的科学性。

（2）趣味篮球活动旨在培养幼儿对篮球运动的兴趣和爱好，并使其养成良好的锻炼习惯，为今后的学习打下基础。

（3）由于幼儿身体正处在生长发育期，因此教师在安排趣味篮球活动时要注意掌握活动的强度和时间，避免运动过度。

参考文献

[1]邱燕，刘桂平，朱小龙.在幼儿园开展篮球运动的价值与策略[J].学前教育研究，2011（5）：58-60.

[2]陈丽.小篮球活动——幼儿园体育游戏的精髓[J].学周刊，2015（8）：197.

[3]杨立群.玩球有方——108例幼儿园游戏化篮球活动案例[M].长沙：湖南师范大学出版社，2019.

[4]吴海云.享受运动 健康成长——幼儿园体育活动探索[M].福州：福建教育出版社，2015.

幼儿篮球操指导策略的实践与思考

陈燕

幼儿体育活动能促进幼儿身体正常发育、机能协调发展、体质不断增强，培养幼儿对体育活动的兴趣。幼儿园应为幼儿提供体育活动的环境，满足他们各方面的发展需要，使他们在快乐的童年中获得有益于身心发展的经验。教师有计划、有目的、有组织地通过各种游戏帮助幼儿学习篮球的基本动作，既可提高幼儿的身体素质，促进幼儿的体能发展，又能弥补幼儿园体育活动中注重发展下肢而忽视发展上肢的不足，提高幼儿肢体的协调性，促进幼儿身体的正常发育，达到增强幼儿体质的目的，使幼儿树立终身体育的观念。

篮球操是幼儿器械操之一，深受幼儿的喜欢，同时是姜山幼儿园篮球课程的重要内容之一。篮球操以篮球为主要器械，以篮球技能为基本手段，通过巧妙的组合和精心的编排，在音乐的伴奏下，达到愉悦身心、增进健康的目的。同时，篮球操能促进幼儿活泼开朗的性格、勇敢自信的态度和团队合作意识的养成。篮球操已不仅仅是一项体育运动，更是一种艺术，让他们感受到了艺术之美，享受到了体育之乐。在开展篮球操的教学过程中，笔者发现幼儿园基本都是女教师，没有专业的体育知识，有的虽爱好篮球但都仅限于爱好，并没有经过系统的学习，对篮球技能掌握不够，这样所教给幼儿的动作就不够规范，缺乏系统性，从而编排的动作比较单一，下肢运动过少。另外，在现实活动中，幼儿篮球教学以教师教、幼儿模仿为主，枯燥乏味地重复某个动作的学习，很少会把动作与游戏融合在一起，教学策略比较单一，缺乏趣味性。同时，两两合作或团队合作不够，整套动作游戏性不强，缺乏幼儿之间的互动。基于在日常教学中发现的问题，结合姜山幼儿园开展的篮球课程的研究，笔者对篮球操教学进行了实践探究。以下为笔者对篮球操教学的几点思考。

一、合理编排是成功的基础

篮球操动作的编排是艺术和体育结合的过程。它既要符合体育锻炼的要求，又要体现艺术美的特点，由此笔者提出了以下几点建议。

（一）合理安排运动量

幼儿运动时要遵循一定的运动曲线，即上升—稳定—下降的运动曲线。热身活动是不可缺少的内容和步骤，能让幼儿的身体机能在短时间内快速进入运动状态。在编排篮球操动作时教师要掌握好运动量，随时观察幼儿在活动中的脸色、出汗情况及动作的表现，并有目的地让幼儿进行休息。在体育界有一句话："放松是通往冠军之路的捷径。"这充分说明放松活动的重要性。在放松活动中，教师应合理地将肌肉放松与心理放松进行有机结合，促使幼儿提高篮球操学习的效率和更好地掌握篮球动作。

（二）学习目标符合年龄特点

篮球操动作应简单易学、协调优美并具有较好的锻炼价值和欣赏价值。由于不同班幼儿的年龄不同，幼儿身心发展的水平和特点存在一定的差异。因此，在编排篮球操动作时，笔者根据各班幼儿各方面的特点，制定了对应的学习目标，见表2-3。

表2-3　不同班幼儿篮球操学习目标

班	学习目标
小班	1. 学习单手拍球，对篮球活动感兴趣 2. 在学会原地单手拍球的基础上，尝试行进单手拍球 3. 在熟练掌握单手拍球的基础上提高拍球频率 4. 尝试用各种形式、方法进行花式拍单球 5. 能在地上滚动传球、接球，要求双手将球传出，双手接住篮球
中班	1. 学习双手拍双球，对拍双球活动感兴趣 2. 在学会原地双手拍双球的基础上，尝试行进双手拍双球 3. 在熟练掌握双手拍双球基础上提高拍球频率 4. 尝试用各种形式、方法进行花式拍双球 5. 初步学习胯下运球 6. 能熟练地单手运球，并能小跑，不会将球拍丢 7. 能学会原地双手传球、接球，初步掌握击地传球的技能，要求动作规范 8. 能学小螃蟹横着走，要求在横着走的同时，手横向打开并竖起来
大班	1. 学习双手交替拍球，对交替拍球活动感兴趣 2. 在学会原地双手交替拍球的基础上，尝试行进双手交替拍球 3. 在熟练掌握双手交替拍球的基础上提高拍球频率 4. 尝试用各种形式、方法进行花式交替拍球 5. 熟练掌握胯下运球的技能 6. 学习单手左右手换手运球10米往返跑，能绕障碍物运球 7. 能在跑动中双手传球 8. 能熟练地横向移动

（三）音乐与动作相结合

音乐作为篮球操的重要组成部分，在创编时是不容忽视的。音乐能激发幼儿的学习兴趣和动机。黑格尔说："音乐的节拍具有一种无法抗拒的魔力。"篮球操排练过程是比较枯燥的，为了达到更好的展示效果，需要幼儿对某个比较难或不统一的动作进行反复练习。这使幼儿缺乏兴趣。但这时如果能和音乐节奏相结合，幼儿就会觉得很好玩，能大大调动幼儿排练篮球操的兴趣和积极性。幼儿跟着音乐摆动身体并有节奏地进行拍球等动作，从而提高幼儿的篮球技能和身体控制能力。音乐的选择要与篮球操每节动作的强度、节拍特点相适应，节奏要鲜明，音乐与动作在时间上要保持一致。

二、多样化的教学是成功的一半

（一）有效利用时间和场地促学习

教师要善于利用晨间锻炼的时间、户外活动的时间等组织幼儿进行"拍一拍""玩一玩"等篮球操基本动作的练习。练习场地可以选择走廊、多功能厅、教室等，这样无论刮风还是下雨，幼儿都可以进行练习，从而加强幼儿篮球操练习的意识和行为。

（二）游戏化的教学促激情

兴趣是幼儿参加篮球操学习的强大动力。传授幼儿新的篮球操技能时，教师首先要用符合幼儿年龄特点的方式进行讲解和示范。小班应以丰富的球类游戏为主，以激发幼儿对篮球操学习的兴趣，教师应根据幼儿爱模仿的特点让幼儿学习单手拍球。在幼儿学习单手拍球时，教师可以示范老奶奶走路的游戏形式引导幼儿弯腰屈膝来练习单手拍球的方法。教师优美准确的示范往往会引发幼儿羡慕和激动的情绪，他们会随着示范跃跃欲试，模仿各种动作。中班应以丰富的挑战性游戏为主，以提高幼儿对篮球操学习的热情。在游戏中增加互动环节，可通过情境创设引导幼儿练习，增强幼儿的控球能力。在练习原地双手交替拍球时，教师可带领幼儿唱一些节奏感强的儿歌，帮助幼儿均匀地控制拍球的力度，从而使其学会双手交替拍球。大班应采用丰富多彩、富有竞技性的游戏形式，进一步激发幼儿对篮球操学习的兴趣，提高幼儿的篮球技能，同时应注重培养幼儿的团队合作意识。教师可通过举行竞技性的游戏，开展"拍球达人""传球达人"等活动，给获胜的幼儿颁发奖状，以资

鼓励。这样会调动幼儿的积极性，增强幼儿的竞争意识。

（三）图谱教学促视觉

所谓图谱教学，就是用简单的图画形式来表现篮球操编排的各个动作，如用"←"表示边运球边往左边走，"→"表示边运球边往右边走，"↑↓"表示边运球边往前面或后面走，"∷"表示按照方形排队，"∴"表示按照倒三角形排队，"〜"表示按"S"形走，"△"表示拍得快，"▼"表示拍得慢，"○"表示轻轻地拍。使用这些图谱进行篮球操教学，有助于提高幼儿学习篮球操时的理解能力；或直接使用简笔画等卡通画形式来表现排练的具体动作，让幼儿能更加直观地理解，激发幼儿对篮球操学习的兴趣。

（四）师幼互动促成长

师幼互动指教师和幼儿两个主体间相互的行为和行动。教师和幼儿双方通过互动实现在心理上和行为上的相互影响、相互促进。在篮球操编排过程中，教师不要一味地从教育者的角度去指导幼儿该怎么做，而应该和幼儿一起练习并探讨某个动作的具体方式。遇到难度较大的动作时，教师可支持幼儿自主练习，鼓励幼儿通过努力解决问题，养成不轻易放弃、克服困难的精神。

总之，姜山幼儿园开展的篮球操是丰富多彩的，教师在编排和教学时要不断激发幼儿的学习兴趣，把握幼儿身心发展的特点和规律，尊重和理解幼儿的个性差异，促进幼儿的全面发展。笔者希望幼儿玩在球中、乐在球中、长在球中，在球中进步、在球中发展，让幼儿篮球操成为姜山幼儿园一道亮丽的风景线。

参考文献

[1]刘燕生,彭盛斌,辛小勇.占大幼儿篮球运动教育课程[M].广州：广东语言音像电子出版社,2010.

[2]杨立群.玩球有方——108例幼儿园游戏化篮球活动案例[M].长沙：湖南师范大学出版社,2019.

中班幼儿双手拍双球的实践与思考

刘燕华

体育活动是幼儿健康领域重要的活动内容，对增强幼儿体质，锻炼幼儿身体的灵活性、协调性具有重要意义。拍球作为一项幼儿园经常开展的活动，既可以锻炼幼儿的身体，促使幼儿手眼动作协调发展，又可以促使幼儿左右大脑平衡发展，锻炼幼儿分辨方位的能力，使幼儿形成数的概念。拍球还可以培养幼儿坚强、勇敢、不怕困难的意志品质。

姜山幼儿园是一所体育示范园，花式篮球活动是姜山幼儿园的一个体育特色教学活动，全园积极开展了花式篮球活动。幼儿在小班的时候学习了单手拍球，而且最高拍球频率达到1分钟256次。在幼儿进入中班以后，姜山幼儿园根据幼儿的年龄特点，对幼儿拍球能力的要求有了进一步的提高，要求幼儿双手拍双球。

什么是双手拍双球呢？双手拍双球就是双手连续不断地拍两个球。幼儿学习双手拍双球的过程中也会出现很多困难，那么如何教幼儿学习双手拍双球呢？下面主要探讨幼儿双手拍双球教学实践中的一些方法和策略。

一、树立榜样，激发兴趣

教师在幼儿心目中有很高的威信，教师的言行影响着幼儿，教师的一言一行都是幼儿模仿的对象。在幼儿学习双手拍双球前，教师精湛的双手拍双球技能能够激发幼儿模仿学习的兴趣，教师可借助自身特殊的地位加强与幼儿的交流并对其进行鼓励，进一步利用榜样的作用激励幼儿去学习新的拍球方法。

二、方法示范，模仿学习

幼儿的思维具体、形象，加上他们的生活经验有限，说教的方法对幼儿是很难起作用的，只有以具体、生动的形象提供给幼儿行动的具体方法，才有可能引起幼儿的注意及模仿学习的兴趣。爱模仿是幼儿明显的特点，教师在双手拍双球教学中，首先要用示范的方法，让幼儿懂得如何双手拍双球。双手拍双球的正确姿势：双脚左右分开，双腿稍微弯曲，手指自然分开，双手臂屈肘用力拍球。双手的用力要求均匀。教师在示范的过程中，要注意提醒幼儿在拍球的过程中控制两个球之间的距离，避免两个球由于碰撞而滚走，从而影响拍球的次数。另外，教师在幼儿模仿学习的过程中要注意提醒幼儿拍球的节奏。拍球的节奏能帮助幼儿控制拍球的力度，从而使其学会双手拍双球的方法。

三、循序渐进，持之以恒

幼儿双手拍双球的学习不是一蹴而就的，而是需要不断反复、循序渐进、持之以恒地学习。因此，教师要充分利用幼儿在幼儿园一日生活的时间，带领幼儿进行双手拍双球的练习。由于年龄特点，幼儿的注意力容易分散，在反复练习的过程中，幼儿容易对单纯的动作模仿与重复练习产生疲劳。因此，在幼儿练习双手拍双球的过程中，教师要注意双手拍双球练习的形式和方法。

（一）分组合作轮流拍

首先，在幼儿练习双手拍双球的开始阶段，幼儿双手的协调能力较弱，拍球节奏控制不好，球会滚跑。对幼儿来说，双手拍双球练习体力消耗很大，幼儿年龄小，他们的耐力有限，因此，要让幼儿轮流拍，中间有一定的休息时间。其次，由于在班级摆放篮球的位置有限，一般每名幼儿带一个球，而练习双手拍双球需要两个球，轮流拍可以解决球不够的问题。最后，在幼儿合作轮流拍的过程中，一名幼儿拍球，另一名幼儿数拍球的个数，有利于幼儿数数能力的提高，不至于让休息的幼儿闲着没事做。这样既解决了幼儿反复练球会对球产生反感的问题，又可以提高幼儿对球的兴趣，培养幼儿的合作能力、数数能力。

（二）学科整合辅助练习

在幼儿学习双手拍双球的过程中，笔者发现每名幼儿的协调能力都不一样，对双手拍双球的技能掌握速度也不一样，因此，笔者尝试用语言和音乐帮助幼儿协调身体动作，从而控制拍球的节奏和拍球的力度。例如，首先让幼儿听着音乐单手交替拍球，要求幼儿根据音乐的节奏身体上下起伏单手交替拍球。这样做的目的是帮助幼儿用身体动作的起伏控制拍球的节奏和拍球的力度。然后，增加难度让幼儿在同样的音乐下练习双手拍双球。这样的辅助学习方法能比较有效地帮助幼儿控制双球同时拍的节奏和拍球的力度。

（三）在游戏中练习拍球

著名教育家陈鹤琴先生说过："小孩生来是好动的，是以游戏为生命的。"可见游戏是幼儿生活的重要组成部分，是他们最基本、最喜爱的活动。《幼儿园教育指导纲要（试行）》（以下简称《纲要》）也明确指出，幼儿园教育应尊重幼儿的人格和权利，尊重幼儿身心发展的规律和学习特点，以游戏为基本活动；善于发现幼儿感兴趣的事物、游戏和偶发事件中所隐含的教育价值，把握时机，积极引导；寓教育于生活、游戏之中。玩游戏是幼儿的天性，幼儿游戏蕴藏着发展的需要和教育的契机。发展的多样性、差异性、自然性等特点在游戏中体现得淋漓尽致。例如，可用"接着拍"的游戏让幼儿练习拍球，教师拍几下，让幼儿再拍几下，师幼轮流拍球，也可以幼儿之间轮流拍，根据幼儿拍球的熟练程度，逐渐增加拍球数量。教师和幼儿的共同参与能大大调动幼儿的积极性。

（四）在竞赛中提升球技

现在的幼儿自尊心较强，比较好胜。教师可通过举行竞技性的活动，给获胜的幼儿颁发奖状，以资鼓励，幼儿会情绪高涨，参加双手拍双球活动的主动性、积极性就会提高。这在一定程度上也可提高幼儿双手拍双球的质量。为此，笔者所教班级开展了双手拍双球的"拍球达人"比赛，并邀请家长做裁判，评选出班级的"拍球达人"。在这个过程中，幼儿练得格外认真、卖力，球技提高很快，同时增强了幼儿的竞争意识。

四、家园合作，快乐学习

《纲要》指出："家庭是幼儿园重要的合作伙伴。"教师应本着平等合作的原则与家长建立家园合作的伙伴关系，让家长不仅积极配合幼儿园的工作，更主动参与到幼儿园活动中去，并努力发挥自身的优势，与教师共同成为幼儿教育的主导者。例如，笔者所教班级的第一届双手拍双球的"拍球达人"比赛，首先教师向家长发出"拍球达人"评委邀请，然后由家长和教师共同制定比赛规则，让家长参与整个活动和评选工作，家长的积极性很高。活动后家长感想颇多："孩子们的球技比我们家长还厉害哦！""我以为我家的宝贝已经拍得不错了，结果发现这么多比我们厉害的，以后我在家也陪我的孩子一起练习。""我家孩子最近很喜欢双手拍双球，而且会双手交替拍双球了。"父母是孩子的第一任老师，只有充分调动家长的积极性，家园共同配合，幼儿的学习才能事半功倍。

总之，拍球能锻炼幼儿各方面的能力，是一种很好的体育活动。双手拍双球的技能虽然对中班幼儿来说有点难，但是只要教师和家长相互配合，做教育的有心人，在实践中寻找出学习的良策，那么幼儿就会在快乐的双手拍双球活动中受益。

参考文献

[1] 温大治，向宇博，曾海. 幼儿篮球启蒙：教师版[M]. 广州：广东海燕电子音像出版社，2015.

[2] 陈利和，吴建平. 一学就会的100个篮球实战技巧[M]. 北京：化学工业出版社，2014.

[3] 邱燕，刘桂平，朱小龙. 在幼儿园开展篮球运动的价值与策略[J]. 学前教育研究，2011（5）：58-60.

魅力篮球 快乐竞赛
——关于大班幼儿篮球比赛的实践与研究

励微

从2010年起，姜山幼儿园逐渐将篮球融入体育课程。从最开始的拍球活动，到后来的合作拍球，再到一系列的花式拍球和篮球表演、篮球比赛，经过多年的积累，姜山幼儿园形成了"活力篮球"幼儿园特色文化，使幼儿切身地体会到篮球运动的魅力，从而在不知不觉中爱上这项运动，并积极投身到这项运动中去，有效地落实了每天一小时体育锻炼的要求，促进了幼儿身心健康的和谐发展。

姜山幼儿园的篮球课程始终与游戏相结合，注重幼儿的游戏体验过程，实践符合小、中、大班幼儿的年龄特点和身心发展规律。在一系列篮球活动中，篮球比赛是发挥和展现篮球技能最多的竞技类活动，也是大班幼儿非常感兴趣的篮球活动之一。随着大班幼儿身体素质和肢体灵活性的提高，其有了一定的篮球活动基础，在篮球活动中经常会出现竞赛形式的游戏，因此大班幼儿适合开展篮球比赛。

一、开展篮球比赛，汇集常见问题

常见的篮球比赛是全场5对5篮球比赛和半场3对3篮球比赛。全场5对5篮球比赛规则较复杂、成人化，不适合幼儿；而半场3对3篮球比赛体现了篮球的自由性和创意性，比较适合大班幼儿。姜山幼儿园大班幼儿比较喜欢全场式篮球比赛，因此，姜山幼儿园的3对3篮球比赛定为全场式。但是幼儿年龄较小，手部力量和腿部力量不足，姜山幼儿园在实行全场3对3篮球比赛中也出现了一些问题。

（一）篮球基本技能不扎实

在篮球比赛中发现，大班幼儿在运球、传球过程中，往往出现丢球的现象。这说明大班幼儿篮球基本技能不扎实，较难控制篮球，使比赛失误较多，影响了幼儿得分和比赛的节奏。篮球基本技能是篮球比赛的基础，幼儿只有打下基础才能对篮球控制自如。

（二）比赛规则难理解

篮球比赛是一项较为复杂的对抗性比赛，有着严格的规则。幼儿年龄小，对篮球比赛的规则理解能力有限，掌握规则的正确性不高，在比赛中会出现推人、拉人等动作，大大降低了幼儿篮球比赛的观赏性和公平性。

（三）相互合作缺感应

篮球比赛是一项团体竞赛，需要多人合作。大班幼儿由于逐渐有了竞争意识，在急于求胜的心态下或者失误时，会发生争吵或者产生消极的情绪。因此，幼儿会因为自己不被同伴接受出现紧张不安的焦虑情绪，幼儿参与比赛的积极性、主动性也会随之下降，影响幼儿的社会交往能力。

（四）安全事故频繁

大班幼儿虽然动作灵敏，但是他们活泼好动，生活经验少，安全意识和自我保护能力较差。在紧张激烈的比赛中，由于幼儿对突发性事件缺少预见和判断，往往会出现摔倒、碰撞、脚扭伤等情况。但是，在比赛过程中，肢体间的接触与碰撞是不可避免的，幼儿需要做好充分的心理准备。

二、玩练合一提升技能，激发幼儿比赛兴趣

篮球比赛不仅对抗性强、游戏性强，而且强调集体合作。篮球比赛灵活多变的技战术对幼儿的身体素质发展、智力发展、能力提高都具有重要的作用。根据大班幼儿的年龄特点，教师针对性、游戏化的引导能激发幼儿参与的兴趣，逐渐提高幼儿的主动性和积极性，培养幼儿的自信心和勇于克服困难的良好品质。

在篮球运动中，球性是篮球技能的基石，只有熟悉球性才能控制篮球。姜山幼儿园大班幼儿在小班、中班时有一定的篮球游戏经验，因此，对篮球的球性较熟悉，为其篮球基本技能的学习打下了基础。单纯的篮球基本技能练习会使幼儿逐渐失去新鲜感，因此，教师要根据大班幼儿原有的篮球技能水平和能力，让每名幼儿接受新的游戏挑战，在游戏挑战过程中树立自信心、获得成就感。从大班幼儿平时参与篮球活动的情况来看，基本技能的练习与提升能激发幼儿篮球比赛的积极性。因此，姜山幼儿园创建了篮球快乐竞赛训练模式。

（一）平行式

学习篮球技能，讲解和示范是不可或缺的一部分，两者相结合，有助于幼儿掌握篮球技能。幼儿好模仿，讲解和示范对幼儿动作概念的正确建立和技能的形成起到重要作用。

投篮是篮球比赛中唯一的得分手段，是决定比赛成败的唯一途径。大班幼儿上肢力量差，投篮的命中率不够高，因此，通常要求幼儿以练习双手胸前投篮为主。

例如，小小训练营——行进间投篮。行进间投篮是指幼儿在移动的过程中，将运球和双手胸前投篮两项技术动作结合起来，完成投篮的技术动作。幼儿在运球接近篮筐时，急停，双手持球，完成双手胸前投篮。

传球追逐：全体幼儿在篮球场底线排成一列横队，教师站在幼儿同侧的篮球架旁，将球抛出（可选择地滚球或者高抛球），幼儿轮流进行传球追逐练习。轮到的幼儿必须全力奔跑，追上篮球，拿起篮球，运球到另一侧的篮球架，完成投篮。教师再以指出不足和鼓励的方式，传达幼儿投篮基本动作的完成程度。

（二）阶梯式

在大班幼儿掌握了篮球技能之后，增加幼儿身体活动的强度和动作难度能帮助幼儿提高和巩固篮球技能。竞赛形式能够刺激幼儿的潜在能力，逐步提高幼儿的篮

球学习兴趣和积极性。

例如，你追我赶——行进间运球。行进间运球是幼儿在移动过程中单手连续拍按由地面反弹起来的球，是篮球比赛中进攻的重要手段。行进间运球要求幼儿有拍球基础，手眼协调配合，移动速度和运球速度节奏一致，做到走一步拍一次球。

直线运球：幼儿在宽度适宜的独木桥上边走边运球。要求幼儿在桥上走，球的落地点在地面上，这是大班幼儿行进间运球的新挑战。幼儿从一开始慢慢运球到逐渐加速运球，激发了幼儿运球的兴趣，幼儿也获得了一次次成功的体验。

（三）游戏式

由于幼儿的年龄特点和身心发展规律，若篮球技能的掌握仅靠单纯的练习，幼儿就会感觉枯燥乏味。将篮球技能练习融入游戏，幼儿能在游戏情境中学习篮球技能，不仅能达到教学目的，还能激发幼儿篮球练习的兴趣。

例如，情景小剧场——防守与进攻。防守与进攻是篮球比赛中最基本的战术，由队员技能、战术形式和战术方法三要素组成，是队员在比赛中有目的、有组织、协调行动的攻防配合。

老鹰捉鸡蛋：教师分配幼儿角色，即一只老鹰、一群鸡宝宝和一个鸡妈妈。老鹰要吃鸡宝宝手中的蛋（篮球），鸡妈妈拦着老鹰，不让他靠近鸡宝宝和蛋，鸡宝宝则要将蛋放到鸡窝里（运球）。如果老鹰捉到蛋，鸡宝宝就输了。

（四）挑战式

在大班幼儿篮球技能积累的基础上，挑战式能为幼儿提供展现其篮球技能的机会。两两挑战或者集体挑战提高了幼儿的篮球技能，同时激发了幼儿的战斗力、胜负欲。

例如，一战到底——篮球达人。姜山幼儿园每学期的运动会和各庆祝活动都会开展有针对性的篮球达人竞赛，这样既能激发幼儿的兴趣，又能提高他们的球技，可谓一举两得。

斗球：两名幼儿一组，在2分钟内展示各种篮球技能，裁判记种类，种类多者获胜。

（五）观摩式

我为球狂——WCBA（中国女子篮球联赛）现场观摩。姜山幼儿园的篮球课程受到鄞州区教育部门的关注，因此姜山幼儿园的幼儿常常有机会去鄞州体育馆观看WCBA。幼儿现场观摩比赛，不仅能感受现场的比赛氛围，还能模仿运动员动作、熟悉比赛规则等。

（六）实战式

篮球运动是一项展示团队协作精神的运动。通过幼儿篮球友谊赛，幼儿用体能和智慧、竞技和拼搏、比赛和友谊、努力和汗水诠释了篮球运动"比赛第二、友谊第一"的精神，展示了篮球竞技的魅力。

三、简化规则，享受比赛过程

幼儿篮球比赛最重要的不是比赛结果，而是让幼儿充分地享受比赛过程。篮球比赛的本质就是游戏。这意味篮球比赛有一定的游戏规则。幼儿必须了解基础的篮球比赛规则，如球出界、走步、两次运球、犯规等；知道篮球比赛是一个团队的比赛，必须团结才能取得胜利。依据2017年浙江省首届亲子幼儿篮球表演大赛规则，姜山幼儿园制定了符合大班幼儿全场3对3篮球比赛的规则。

（一）熟悉篮球比赛方法

（1）场地长18米、宽9米，罚球线距球柱2.5米，篮筐高1.8米；比赛分为上下半场，各5分钟，中场休息2分钟；篮球为5号球。

（2）全场1对1攻防：幼儿2人1组，1人运球进攻，1人防守。进攻者想办法将球投进篮筐；防守者合理运用技术动作，阻止进攻队员得分。

（3）全场3对3攻防：幼儿3人1组，规则要求与全场1对1攻防一样。同组幼儿相互配合，以求得分。

（二）调整幼儿篮球比赛规则

幼儿篮球比赛规则是成人篮球比赛规则的简化版，由于幼儿年龄较小，有些规则需要调整和放宽，以保证比赛的顺利进行。

（1）一些技术动作违例的判罚要求应降低。例如，在走步、两次运球等技术上，判罚的尺度应宽松些。

（2）犯规应抓得严厉些。幼儿对动作的控制能力较差，对犯规进行严厉的惩罚有助于减少幼儿推人、拉人等现象，使幼儿明白推人、拉人等动作是不能抢到球的，更加不可能获得比赛的胜利。

（3）裁判执法时应有适当的松紧度，保证比赛的流畅性，使幼儿能够享受比赛带来的快乐。

四、创建多元篮球文化，营造快乐竞赛氛围

（一）幼幼合作，团结一致

大班幼儿已经具备合作的能力。在篮球比赛中，幼儿之间的配合是非常重要的，是促进幼儿社会性行为发展的有效方法。篮球比赛能培养幼儿的团队精神，使幼儿建立自我、群体和社会的责任感，同时使幼儿交往能力、人际沟通能力等得到提升。

1. 合作要素——分工

篮球比赛是一项需要分工，需要大家分担责任的游戏活动。分工是形成合作行为的基本条件。分工常常以一个大家共同认可的目标、任务为前提，因此，分工本身就意味着合作。在全场3对3篮球比赛中，1名幼儿负责投篮，另外2名幼儿负责防守与传球，3名幼儿分工明确，培养幼儿的责任意识。

2. 合作关键——配合与协调

在篮球比赛中，幼儿之间往往会出现不同的观点，产生冲突与分歧。幼儿可以在冲突与分歧中交流观点，从而促使幼儿反思自己的观点，努力理解他人的看法，协调自己与他人的认识。幼儿可以在篮球比赛中体验近似于社会上遇到的各种情景，如竞争、冲突、共处、避让、突变、赞扬、批评、成功、失败、处罚等，从而不断增强自我调控的意识和能力，形成良好的心理品质。

3. 合作途径——互助与支持

在篮球比赛中，幼儿往往会出现消极的情绪，此时同伴之间的帮助与关怀是幼儿调整心态继续前行的动力，可以让每名幼儿在群体中获得真正的自信。例如，在篮球比赛中，进球得分，幼儿们一起击掌庆祝，促进幼儿更加积极地融入比赛；又如，比赛输球了，同伴之间的相互安慰和鼓励能够适当调节幼儿的情绪，同时使幼

儿在相互学习、交流和分享中得到启发，理解合作的意义和能量。

（二）安全保障，勇于挑战

篮球运动是一项对抗性的体育运动，进攻和防守瞬间交替，有突然起动、停止、跳跃等动作，参与者不断地变换动作是篮球运动的特点。因此，幼儿篮球运动容易出现各种运动损伤。教师应引导幼儿掌握一些简单的自我保护方法和应变方法，将自我保护意识潜移默化地渗透在篮球运动中。例如，教师在幼儿练习抛接球时，告诉他们应保持一定的距离，防止球落在周围同伴的身上；在组织幼儿练习防守和进攻时，让幼儿学会用眼睛观察周围的情况，避免因相互碰撞而跌倒；告诉幼儿如果不慎跌倒，要尽可能用双手支撑身体，防止头部着地；等等。

（三）家长参与，增进亲情

篮球活动在幼儿园广泛开展，家长陪伴孩子参与，孩子和家长的情感交流自然地融入篮球活动，如亲子篮球赛、家长与孩子一起看女子篮球比赛等。在篮球活动的影响下，亲子关系更加融洽。篮球活动改善了亲子关系，架起了孩子和家长情感交流的桥梁。

五、结语

篮球比赛的开展让幼儿获得了体验，激发了幼儿对篮球运动的兴趣。篮球相关活动的开展需要教师不断地学习和实践，努力提高自己的各项技能，在实践过程中寻找一条适合幼儿积极、主动、快乐地参与篮球运动的道路。

参考文献

[1]缪颖.浅谈幼儿园开展"篮球活动"的教学策略[J].小学生：教学实践，2014（7）：14.

[2]万丽.信息技术环境下培养幼儿篮球活动的实践与思考[J].读与写（教育教学刊），2012（2）：196.

[3]林文婷."快乐篮球"促进幼儿心理健康发展[J].陕西教育（教学版），2008（9）：44.

[4]陈利和,吴建平.一学就会的100个篮球实战技巧[M].北京:化学工业出版社,2014.

[5]依丹.幼儿园体育游戏指导[M].西安:西安电子科技大学出版社,2015.

[6]温大治,向宇博,曾海.幼儿篮球启蒙:教师版[M].广州:广东海燕电子音像出版社,2015.

花样拍球培养中班幼儿合作能力的方法探究

王红维

现代社会是一个合作与竞争并存的社会。国际21世纪教育委员会提出了教育的4个支柱,即"学会认知、学会做事、学会共同生活、学会生存"。其中,"学会共同生活"是指培养下一代在实际生活中与人合作,共享合作成果的品质和能力。《幼儿园教育指导纲要(试行)》明确指出:"通过引导幼儿积极参加小组讨论、探索等方式,培养幼儿合作学习的意识和能力,学习用多种方式表现、交流、分享探索的过程和结果。"所谓幼儿合作能力,是指幼儿在游戏、学习、生活中能主动配合、分工合作、协商解决问题、协调关系,确保活动顺利进行,同时从相互配合中实现目标、获得满足的能力。中班幼儿的合作意识已萌发,但可能不会在需要合作的情境中自发地表现出有效的合作行为。因此,本研究将幼儿合作能力分解成两两互助合作能力、小组合作能力、团体合作能力和自主协商合作能力4个方面。

一、幼儿合作能力的培养背景

目前,幼儿多为独生子女,他们多以自我为中心,缺乏合作精神,做事常常事倍功半,不能圆满地完成任务;或者接受任务以后不会互相协商,也不会分工交流;在活动中发生分歧时经常以告状等行为来解决问题,遇到困难往往求助教师而不知道向同伴寻求帮助,没有能力去协助解决问题。姜山幼儿园合作游戏"小小医院"测试结果显示：6%的幼儿积极与人合作；7%的幼儿在教师的分配安排下与人合作，合作效果不佳；17%的幼儿不愿意与人合作。中班幼儿虽然经过小班一年的集体生活，有了固定的群体环境，但其合作能力培养依然是一个必须解决的问题。姜山幼儿园开展的园本课题"篮球宝贝"，让每名幼儿都拥有一个篮球，在让幼儿爱上篮球的同时，为幼儿的合作创造了良机。

二、幼儿合作能力培养的方法

笔者以姜山幼儿园园本课题"篮球宝贝"为指导，充分挖掘花样拍球的形式，推出了一系列培养中班幼儿合作能力的活动，并进行了重点探究。

（一）"两人一球"花样拍球培养幼儿两两互助合作能力

互助合作能在尊重幼儿意见的同时有意识地进行异质结合，发挥幼儿的帮、扶、带的作用，帮助胆小、害羞、不善交往的幼儿克服胆怯心理，使他们和谐地、快乐地与别人一起游戏，提高他们与人合作的能力。

在"篮球宝贝"的拍球训练下，大部分幼儿的拍球能力都很好，但也有少数幼儿胆怯、运动能力弱、与人合作能力弱，于是笔者特意把能力有差异的两名幼儿安排为一组，目的是让幼儿之间不断交流磨合，让能力强的幼儿帮助一些能力弱的幼儿。在探究活动中，笔者创设了"单球交互拍球"玩法：两人面对面站立，要求两人拍一个球，你拍球给我，我拍球给你。在一次练习单球交互拍球时，笔者看到一名幼儿（婷婷）拿着球不拍，就问她："你怎么不跟别人一起玩拍球呀？"她说自己怕接不到球。于是，笔者叫来轲轲，他是班级里的"拍球达人"。合作过程中轲轲对婷婷说："你怎么总是接不到我的球呀？你看别的小朋友都能接到。"婷婷说："我看到球跳过来，我就怕。""你不用怕，我先把球拍得低一点，你试试看能接到吗。"过了一会儿，他们玩得就很和谐了。在轲轲的帮助下婷婷能够尝试合作，在合作中体会成功。

（二）"多人多球"花样拍球培养幼儿小组合作能力

以小组为单位进行练习，强化了小组组员内部之间的分工合作。创设多人参与、分工合作的游戏让幼儿懂得共同完成一个目标，必须相互依赖、相互讨论、相互帮助。例如，"轮球拍"玩法：6名幼儿一组，每组幼儿排成横队，由第一名幼儿拍球，第二名幼儿接球拍给下一名幼儿，依次进行，最后一名幼儿把球放入筐里。

在姜山幼儿园第一届体育节中，中（4）班有6名幼儿参加园里组织的"球球向前冲"比赛项目。比赛规则要求幼儿排成一列横队，球由第一名幼儿拍给下一名幼儿，依次拍球，到最后一名幼儿把球装入滚筒，看哪一组球的总数多，在拍球过程中不能掉球。接到比赛任务，中（4）班6名幼儿尝试拍球练习，但很快教师发现，幼儿拍球总是出现丢球问题，如有的幼儿拍球太高接不到球、有的幼儿接球部位不准确等。为了解决问题大家一起分工合作，第一名幼儿有拿球任务，就由能力较强的幼儿来承担。第一名幼儿拿球速度要快，中间的幼儿要保持拍球速度和高度的稳定，最后一名幼儿负责把球安全地放入滚筒，不让球再跳出滚筒。这样分工调整后，中（4）班幼儿在小组赛中取得了第一名的好成绩。在花样拍球中，教师要有意识地创设情境，给幼儿提供必须多人参与、分工合作的游戏，并提供给幼儿分小组交往的时间，让幼儿在小组中学会自由分配角色，承担任务，解决矛盾，最终达到合作的目的。

（三）"众人多球"花样拍球培养幼儿团体合作能力

团体合作体现的是一个整体，需要每名幼儿之间密切配合，为了一个共同的目标相互支持、合作奋斗。在探究过程中，笔者创设了"团体拍球接力"玩法——边走边拍球绕过障碍物；"团体双手拍双球"玩法——全班30人排成4列横队，双手拍双球在1分钟内不丢球；"团体花样拍球表演操"玩法——在完整的音乐中编排出花样拍球动作，组合成表演操。

例如，姜山幼儿园在一次迎接某女篮队时，还为她们准备了精彩的花样拍球表演。一个班级中有20名幼儿参加花样拍球表演，大家一起商量可以拍出哪些花样拍球动作，有左右手单独拍球、双手交替拍球、左右手同时拍双球、左右手一上一下同时拍双球、拍球左右转圈、拍球后转圈等花样，然后变化队形，有半圆形、圆形、小正方形、大正方形、四列横队等，还有拿球换球等挑战性的动作。大家配合默契，拍球动作既整齐又动感，精彩的表演赢得了女篮队员的认可。幼儿合作得很成功，品尝了团体合作的快乐。

（四）尝试花样创编培养幼儿自主协商合作能力

自主协商合作是幼儿以自己的努力自觉、主动、积极地与人合作，有助于培养幼儿的合作意识和集体观念。在创设活动时，笔者给每名幼儿提供一个球，要求幼儿积极主动地尝试花样创编，幼儿能够创编出单手拍球、双手拍球、拉手拍球、绕人拍球、转圈拍球、单腿过球、漏球捞球、蹦球等。例如，在"拍双球"活动中，笔者给每名幼儿准备了一个球，但练习的时候教师要求他们一个人要拍双球，这时候有的幼儿说："老师，我们只有一个球，不能拍双球，怎么办呀？"教师说："我们每个人都只有一个球，那用什么办法来拍双球呢？大家商量一下吧。"过了一会儿，教师发现涵涵和婧婧在快乐和谐地拍双球了。教师看到她们在商量："你来做小老师，帮我数数我拍双球能拍多少个。如果我掉球了，我就让你拍。""好的，我最喜欢当小老师了，预备开始。"就这样，自主协商解决问题，提高了幼儿的合作能力。

三、幼儿合作能力的培养成果

自从开展"篮球宝贝"课题以来，班级以"花样拍球"为中心，以篮球为载体，开展了"赶小猪"接力赛、"拍球达人赛"团体赛、小组边拍球边跑接力赛，还有精彩的全班幼儿拍球秀。教师在表演操的基础上还改编了早操中的球操：左右两队边拍球边换位置，随着音乐节奏拍球，直到音乐结束。幼儿动作整齐有力，在篮球不丢的情况下完成全部的动作。姜山幼儿园将此拍成视频代表鄞州区参加了宁波市半日活动比赛，获得了市级二等奖的好成绩。

通过一年的探究，中班幼儿都成为大班小朋友了，合作能力达标。幼儿在晨间活动中能合作整理玩具；活动准备时能合作摆桌椅；值日时能协商分配工作，共同完成；午睡时能安静入睡，不影响同伴；起床能互叠被子，互相帮助配合将衣服穿整齐；自由活动时能友好相处；在区域活动时能协调好关系，和谐地一起玩角色扮演游戏。幼儿如碰到问题，能主动与同伴协商解决，谦让、合作。同时，他们愿意将好吃的、好玩的东西带到幼儿园来与同伴分享，个别自我观念特别强的幼儿，也在合作中融入了集体。

"花样拍球"活动不仅发展了幼儿的篮球技能，更提高了幼儿的合作能力，让幼儿感受到了合作的益处,增强了幼儿的成就感。"美国学术和教育之父"韦伯斯特说:"人们在一起可以做出单独一个人所不能做出的事业;智慧、双手、力量结合在一起,几乎是万能的。"总之,要培养幼儿的合作能力,教师需要做一个有心人,为幼儿创设各种合作环境,并进行细心指导,只有这样才能结出累累果实。

参考文献

[1] 缪颖. 浅谈幼儿园开展"篮球活动"的教学策略[J]. 小学生:教学实践,2014(7):14.

[2] 邱燕,刘桂平,朱小龙. 在幼儿园开展篮球运动的价值与策略[J]. 学前教育研究,2011(5):58-60.

[3] 林文婷. "快乐篮球"促进幼儿心理健康发展[J]. 陕西教育(教学版),2008(9):44.

当篮球遇上民间体育游戏
——以民间体育游戏为载体开展幼儿篮球教学的实践研究

许萍

一、把脉——找出幼儿篮球教学的"难"

(一)幼儿篮球教学内容枯燥

篮球运动深受幼儿的喜爱,在幼儿阶段开展篮球教学不仅可以让幼儿学习各种篮球技能,如单手拍球、双手交替拍球、运球、传球、投篮等,提升幼儿身体的灵活性,还能在篮球比赛中培养幼儿的竞争意识和团队意识。但是,目前在幼儿园开展篮球教学的过程中,教师的教学往往停留在表面的拍球上,教师没能给予进一步的指导,枯燥无趣的篮球教学内容使幼儿失去了兴趣,对促进幼儿身心发展的作用不大。

案例描述

篮球活动时，教师将篮球分给幼儿，布置任务："今天我们继续练习双手交替拍球。"幼儿的反应："又是拍球啊！"教师回应："拍球就是靠多练的，熟能生巧。"在幼儿拍球过程中，教师还时不时提醒："你怎么不拍了？你会拍了吗？你能拍几个了？老师没说停，不要偷懒。"一段时间后，幼儿实在没兴趣，就出现了坐在球上休息的现象。

案例分析

教师为了追求技能的达标率，不顾幼儿需要和个体差异，进行枯燥单一的练习，压抑了幼儿的兴趣，既不能达到通过篮球锻炼身体的目的，又不能保证幼儿活动的质量。所以，教师要有计划、有目的地组织幼儿开展丰富多彩的篮球活动，真正提高篮球教学质量。

（二）幼儿篮球教学形式单一

篮球教学与民间体育游戏结合，能激发幼儿对篮球运动的热情，也符合幼儿的心理年龄特征和爱玩的特性。但是现下幼儿篮球教学虽目标明确，但教学内容常常是单一的练习，缺乏情境性和趣味性。

案例描述

篮球活动时，幼儿人手一个篮球，教师在场地的两边各放置一把椅子，然后分组让幼儿从椅子处出发面对面接力运球。可是不一会儿，就有个别幼儿不想玩了，开始在场地上自发组织篮球游戏了，有的互相滚球，有的抛接球，出现篮球满地滚的现象，还时不时地有幼儿来告状："老师，××没有在练。"然后教师又费劲地召集幼儿继续枯燥的技能练习。

🍄 **案例分析**

　　篮球活动时，教师的教学目标非常明确，希望在活动中锻炼幼儿的运球能力，但是教师没有创设情境，未能考虑幼儿的年龄特点。幼儿在缺少趣味性的单一练习中没有了发自内心的笑容，也没有了回荡操场的笑声，只有不情不愿的低头练习。篮球教学的理想状态是让幼儿愉快地享受篮球运动，在享受中真正促进幼儿基本动作的发展和提高幼儿的身体素质。

（三）幼儿教师篮球技能匮乏

　　目前，幼儿园中的教师多以女教师为主，女教师本身篮球技能的匮乏导致其对幼儿的指导缺乏针对性和趣味性。

⭐ **案例描述**

　　在篮球活动中，教师分发给幼儿人手一个篮球，然后要求幼儿进行胯下运球的练习。一名幼儿跑过来说："老师，我不会。"教师回应："当右手拍下去的时候，左脚抬起来，球过去后左手接着拍球，就可以了。"幼儿忽闪着小眼睛回到了场地，但他抱着球并没有行动，而是站在场地上发呆看着别人。

🍄 **案例分析**

　　幼儿的思维以具体形象思维为主，教师的讲解让幼儿根本摸不着头脑，左右是哪儿和哪儿，球又是怎么经过胯下的都没搞清楚，此时教师就要求孩子回场地了，这让幼儿怎么办呢？此时，教师若能循序渐进，亲自示范，从准备部分就渗透胯下运球的动作，在基本部分突破难点，再在游戏环节巩固，最后在结束部分让幼儿分享成功经验，那么幼儿将是轻松、开心的。这将极大地促进幼儿对篮球运动的喜爱，进而发展幼儿的篮球技能和提高幼儿的身体素质。

二、诊断——借助民间体育游戏的"趣"

（一）挖掘民间体育游戏的价值，丰富篮球教学的内容

民间体育游戏是民间游戏中运动类的游戏，教师可搜集民间体育游戏进行合理取舍。民间体育游戏有走跑类的，如老狼老狼几点了、赶小猪等；有跳跃类的，如跳房子、捡豆豆等；有锻炼平衡能力及控制能力的，如木头人、斗鸡等。将民间体育游戏融入篮球运动，能丰富幼儿篮球教学内容。（表2-4）

表2-4　民间体育游戏融入篮球教学的内容

类型	内容	目标
拍球	老狼老狼几点了、斗鸡	通过各种民间体育游戏进行单手拍球、双手交替拍球的技能练习，发展幼儿身体动作的协调性和灵敏性
抛接球	跳房子	借助民间体育游戏之跳房子练习自抛自接球，发展幼儿的手眼协调性
运球	木头人、捡豆豆	在不同的游戏情境下开展行进间运球、高低运球的技能练习，发展幼儿的手脚协调性
传球	拉大锯	在朗朗上口的民间童谣的帮助下练习传球，发展幼儿的手眼协调性
投篮	赶小猪	在有趣的游戏的帮助下学习投篮方法，增强幼儿的上肢力量，锻炼幼儿的运动技能

（二）借鉴民间体育游戏的模式，减少篮球教学的约束

民间体育游戏在开展过程中不受场地、材料、时间、空间和人员的限制，在实施过程没有太多的约束。篮球教学亦能如此，只要有场地、有篮球，便能在民间体育游戏中进行篮球教学。

（三）享受民间体育游戏的乐趣，提高篮球教学的趣味性

民间体育游戏具有极强的娱乐教育性，内容又富有趣味性，非常适合在幼儿园开展。任何民间体育游戏，一旦掌握其基本方法，就可以在保持其特有风格的基础上，挖掘游戏价值，丰富游戏情节，融入篮球运动，提高幼儿参与篮球活动的积极性和趣味性。

三、药方——整合双项资源后的"妙"

(一)添加器材,让以民间体育游戏为载体的篮球活动"乐"起来

在篮球活动中适当添加器材或者辅助材料能给游戏添彩。例如,在跳房子中,根据幼儿情况,让幼儿进行跳跃式拍球,熟练后在中场加入小竹竿当山洞,前面放置小房子为终点,送篮球宝宝回家。这样更能激发幼儿参与篮球活动的热情。

(二)创新玩法,让以民间体育游戏为载体的篮球活动"趣"起来

在《3-6岁儿童学习与发展指南》和《幼儿园教育指导纲要(试行)》的指导下,笔者不断探索,始终坚信兴趣是最好的老师。为了提高幼儿的学习兴趣,笔者采用多种方法让幼儿练习篮球,以增强幼儿玩球的新鲜感,从而让幼儿从内心喜欢以民间体育游戏为载体的篮球活动。

案例一:老狼老狼几点了。(表2-5)

表2-5 "老狼老狼几点了"游戏对应篮球技能与游戏玩法

篮球技能	游戏玩法
拍球	幼儿(扮演小羊)抱着球,跟在教师(扮演大灰狼)的后面提问,当听到几点钟的时候,幼儿就原地拍球几次,当听到"天黑了",就抱着球蹲下
拍球	幼儿(扮演小羊)抱着球,跟在教师(扮演大灰狼)的后面提问,看教师的手势,看到5即为5点钟,便要原地拍球5次,当听到"天黑了",抱着球跑回家
行进拍球、带球过障碍物	幼儿(扮演小羊)跟在教师(扮演大灰狼)的后面走,边拍球边提问,看教师的手势,看到几就为几点钟,便要行进拍球几次,当听到"天黑了",就躲过障碍物,运球回家

案例二:木头人。(表2-6)

表2-6 "木头人"游戏对应篮球技能与游戏玩法

篮球技能	游戏玩法
滚球	幼儿边唱儿歌边进行滚球(此时不同的滚球技能根据幼儿兴趣进行调整)。儿歌:山山山,山上有个木头人,不会说话不会动,动动就是小蜜蜂。当儿歌念完后请幼儿结合篮球摆出漂亮的姿势,鼓励幼儿跟篮球一起摆姿势,并拍照留念

续表

篮球技能	游戏玩法
运球	幼儿边唱儿歌边进行运球（此时运球技能可以根据年龄段做不同要求）。儿歌：山山山，山上有个木头人，不会说话不会动，动动就是小蜜蜂。当儿歌念完后请幼儿结合篮球摆出漂亮的姿势，鼓励幼儿三三两两合作表现，并拍照留念

案例三：捡豆豆。（表2-7）

表2-7 "捡豆豆"游戏对应篮球技能与游戏玩法

篮球技能	游戏玩法
运球	创设情境：农民伯伯的豆豆被大灰狼抢走了，小朋友帮忙夺回豆豆。幼儿运球出发到对面，抱球捡豆豆，然后一手拿豆豆一手拍球回去，边拍球边把豆豆扔进筐
运球	创设情境：农民伯伯的豆豆被大灰狼抢走了，小朋友帮忙夺回豆豆。幼儿运球出发到对面，边拍球边捡豆豆，然后一手拿豆豆一手拍球回去，边拍球边把豆豆扔进筐
高低运球	创设情境：农民伯伯的豆豆被大灰狼抢走了，小朋友帮忙夺回豆豆。幼儿运球出发到对面，途中经过山洞（增加了高低运球的技能练习），边拍球边捡豆豆，然后一手拿豆豆一手拍球回去，边拍球边把豆豆扔进筐

（三）新意指导，让以民间体育游戏为载体的篮球活动"靓"起来

在以民间体育游戏为载体的篮球活动中，教师的新意指导更符合幼儿年龄特点，更受幼儿的喜爱。例如，在语言提示方面，行进拍球，我们不用专业术语，而是用拟物法，如"蚂蚁搬家"的语言提示，更能让幼儿自主地投入篮球活动。

（四）多种形式，让以民间体育游戏为载体的篮球活动"精"起来

我们可以通过"生活化的篮球教学""基础式的篮球教学""专业性的篮球教学"三大途径有针对性地实施篮球教学。

生活化的篮球教学：在日常生活中的各个环节如晨间活动、课间放松活动等进行篮球教学，让幼儿轻松、自由、愉快地学习，让篮球教学的实施更具生活化。

基础式的篮球教学：在面向全体幼儿的基础上重点开展系列活动，如篮球集体教学、篮球小游戏和篮球操。

专业性的篮球教学：成立篮球队（幼儿组、教师组），在幼儿掌握各项篮球技能的情况下，组织3对3的篮球对抗赛。这就强调集体合作的重要性，需要灵活运用各项技术、战术，培养幼儿的自信心和勇于克服困难的坚强意志，更能让幼儿体验成功的喜悦。

四、成效——创新式幼儿篮球教学的"丰"

（一）幼儿参与篮球活动兴趣"浓"

了解是教育的前提，兴趣是学习的内在动力。学习内容来源于幼儿的兴趣和生活，增强了幼儿学习的主动性、积极性，有效促进了幼儿自主学习能力的发展，使幼儿在轻松的活动中习得篮球技能。幼儿参与篮球活动的兴趣越来越浓厚，也在篮球活动中获得了成就感。

（二）教师自身篮球技能"高"

姜山幼儿园邀请了张一鸣教授入园指导，同时姜山幼儿园还联合专业体育教育机构，给教师做全面的篮球指导，切实提高了教师的篮球技能。

在不断的研讨学习中，教师的教学观念发生了转变，从无趣地强化幼儿枯燥练习转变到循序渐进的趣味性教学。教师在幼儿面前既不是权威的命令者，也不是单纯的观察者，而是朋友、引导者和支持者。在整个篮球教学过程中，教师始终把游戏放在首位，视幼儿为游戏的主人，让幼儿自己选择、探索，自由表达，按需、按趣选择游戏内容和方式，自由轻松。

在篮球教学过程中，教师自身的篮球技能进步不少，并且在3对3的篮球对抗赛中更是展现了高超的篮球技能，更激发了幼儿对篮球运动的喜爱。

（三）幼儿篮球课程开发"巧"

姜山幼儿园以篮球为教育特色，全园幼儿基本做到了人人爱篮球、人人会拍球。同时，教师积极投身到篮球课程的研究热潮中，形成了以园本教研为抓手的、以篮球活动为特色的幼儿园篮球课程开发小组。园长带头申报了"魅力指尖　快乐无限——幼儿园'活力篮球'活动的建构与实践"的课题，教师积极开动脑筋，献计献策，形成了浓郁的篮球课程研究氛围。

姜山幼儿园还聘请了专职体育教师进行篮球教学，丰富了幼儿的篮球技能，提高了幼儿运球、控球的能力。姜山幼儿园的篮球课程也在实践中一步一步改进、落实，以期成为优秀的篮球教学案例。

对以民间体育游戏为载体的篮球活动的研究，不仅丰富了幼儿篮球课程的内容，更进一步激发了幼儿对篮球运动的兴趣。篮球运动不仅具有挑战性、对抗性和趣味性，而且强调集体合作、灵活多变地运用技战术，能充分发挥个人和集体的智慧。篮球技能的学习激发了幼儿的参与意识和兴趣，提高了幼儿对篮球活动的主动性和积极性，培养了幼儿的自信心和勇于克服困难的坚强意志。

参考文献

[1] 魏萍. 创新民间游戏 尽享快乐童年[J]. 好家长, 2016（41）: 18-19.

[2] 刘明明. 传统民间游戏在幼儿园课程中的应用和融合[J]. 教育革新, 2016（11）: 80.

[3] 邹嘉忆. 幼儿园开展民间游戏的实践与探索[J]. 科技展望, 2016（2）: 280.

实践篇

第三章　小班篮球活动及游戏

第一节　小班篮球活动

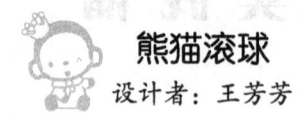

熊猫滚球

设计者：王芳芳

一、活动目标

幼儿通过本活动：①学习双手向前滚球，提高控球能力与身体协调性；②体验篮球活动的乐趣，感受篮球玩法的多样性。

二、活动关键点

面向滚球方向分腿、拨滚、跟进。

三、活动准备

篮球、熊猫头饰、障碍桩若干，哨子1个，音乐《健康歌》。

四、动作要领

幼儿双脚左右分开，比肩稍宽，屈膝，身体稍前倾，双手捧球于胯下，手心稍向前，然后双手同时轻轻用力将球向前拨滚，身体随球跟进。

五、活动过程

（一）热身活动

教师带领幼儿到户外场地，说："小朋友们，（出示熊猫头饰）今天我是熊猫妈妈，你们就是我的熊猫宝宝。""来来来，我们一起活动一下吧！"教师播放《健康歌》，带领幼儿做热身活动。

（二）学练过程

（1）教师以游戏口吻介绍玩法："今天，熊猫妈妈给你们带来了一个好朋友，（手举篮球）瞧，这是什么？（幼儿回答是篮球）篮球可以滚吗？怎么滚？"教师请个别幼儿说说。教师做惊讶状："噢，篮球有这么多的滚法呀！现在，每只熊猫宝宝都有一个篮球，你们先学学刚才××小朋友的方法玩一玩，看看能不能比他（她）玩得更好。"

幼儿自主滚球，学会如何避让。

（2）教师吹哨子，引导幼儿回到自己身边，并以优生展示的形式向大家展示滚球方法。

（3）"刚刚熊猫妈妈看到一只熊猫宝宝的滚球方法和其他熊猫宝宝的滚球方法很不一样，让我们一起来看看他是怎么滚的。"教师请幼儿示范双手不离球的滚球前进，引出双手不离球的滚球方法，评价小朋友的滚球优点，渗透动作要点。

"让我们也学一学这个滚球方法吧，看看哪只熊猫宝宝把篮球控制得最好，让你的篮球在你的手里最听话。"

幼儿自由练习双手不离球的滚球前进（可以滚直线、滚斜线、滚曲线等），注意避让和安全。

（三）游戏：绕障碍滚球

方法：每相距3米左右放1个障碍桩，幼儿依次滚球前行，遇障碍桩时改变滚球方向绕过障碍桩，直至绕过最后一个障碍桩。

（四）放松活动

"熊猫宝宝们，今天滚球玩得开心吗？哦，不早了，篮球宝宝累了，我们把它送回家吧！篮球宝宝回家了，我们也要回家了。来，跟着熊猫妈妈一起甩甩手、扭扭脖子、扭扭腰、抖抖脚。好的，我们慢慢地走回家吧！"

你追我赶

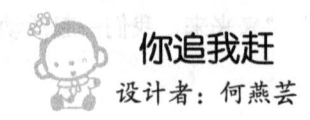

设计者：何燕芸

一、活动目标

幼儿通过本活动：①认识篮球，体验篮球活动的乐趣，喜欢参与篮球活动；②学习单手滚球的方法，在滚球与追赶球的游戏中提高身体灵敏性。

二、活动关键点

单手滚球成直线。

三、活动准备

篮球若干。

四、动作要领

幼儿手掌朝向球滚动的方向，手指朝下，用力将球向前推拨。

五、活动过程

（一）活动导入

（1）教师、幼儿结合儿歌进行热身活动。

（2）幼儿自由玩篮球，教师引导幼儿自由探索玩篮球的方法，看谁的花样多，与别人玩的不一样。

（二）学练过程

1. 自由探索直线滚球方法，尝试把球从起点沿直线滚到终点

"今天，篮球又想和我们班的小朋友做游戏了，篮球想从你们的面前一直滚到终点那里，小朋友，你们能帮助它们吗？"幼儿自由练习直线滚球。

教师总结滚球方法：幼儿手掌朝向球滚动的方向，手指朝下，用力将球向前推拨。

2. 游戏：你追我赶

"刚才我们学习了滚球的方法，现在我们要跟篮球比一比速度。请你从起点处用刚才的方法沿直线滚球。篮球出发的那一刻，你也要迅速从起点出发进行追赶，等篮球滚过终点时看看你能不能追上它并抱住它。"

起点距离终点5~8米，幼儿游戏，教师激励。

（三）放松活动

教师引导幼儿把自己的篮球轻轻地放进球筐，然后带领幼儿进行放松活动。

抢球大战

设计者：周倩

一、活动目标

幼儿通过本活动：①初步感受抢球时躲避的身体动作，提高身体协调性与灵敏性；②体验篮球活动的乐趣，积极探索篮球的各种玩法。

二、活动关键点

反应能力、控球能力。

三、活动准备

篮球若干，音乐。

四、动作要领

抢球者通过奔跑及反应速度去抢持球者手中的球。

五、活动过程

（一）热身活动

教师与幼儿跟着音乐做热身活动。

（二）分组自由抢球

"今天，我们来玩一个抢球游戏，你们知道该怎么玩吗？"

要求：以小组为单位，其中1名幼儿没有球，需要去抢别人的球，其余幼儿要保护好自己的球。

（1）幼儿分组，教师观察幼儿的表现。

（2）幼儿交流自己是怎样抢球或保护球的。

教师引导幼儿讲清楚自己是怎么玩的、有哪些方法，使幼儿感受抢球和躲避的要领。

（三）抢球大战

全体幼儿面向外侧站成圆圈，间距1米，选1名幼儿作为抢球者，其余幼儿每人单手托1个球举高。抢球者沿圆圈外侧逆时针方向奔跑，奔跑时可随时在持球者不备时从其手上抢球后继续持球奔跑，被抢者立即追赶。抢球者抢到球后在回到原位之前未被追上，则双方互换角色；反之，角色不交换。

（四）放松活动

幼儿轻轻拍打自己及伙伴的身体进行放松活动。

猫抓老鼠

设计者：唐姣

一、活动目标

幼儿通过本活动：①学习垂直向上抛球过头顶，球下降到体前瞬间双手接住球或下降落地接反弹球；②体验篮球活动的乐趣。

二、活动关键点

垂直向上抛球、双手接住球。

三、活动准备

篮球、猫头饰、各式各样的老鼠图片若干。

四、动作要领

幼儿双手持球于胸前，垂直向上抛球过头顶，球下降到体前瞬间双手接住球或下降落地接反弹球。

五、活动过程

（一）故事导入，激发兴趣

（1）"你们听过'猫抓老鼠'的故事吗？老师把它编成了一首好听的儿歌：一只小小老鼠，出来偷吃大米，一只老猫看见，一把抓住了它。"

（2）"你们从儿歌里面听到了有谁？它们在干什么？"

（二）示范游戏，介绍规则

（1）"今天我们要来玩一个不一样的'猫抓老鼠'的游戏，让我们一起来看一看吧，看看到底会有什么不一样呢？"

（2）"你们刚才发现老师是怎么玩的了吗？谁能来说一说？"

（三）介绍游戏玩法

篮球上贴好老鼠图片，幼儿每人头上戴好猫头饰。教师和幼儿一起唱儿歌，幼儿一边唱儿歌一边将球垂直向上抛，然后双手接住球上面贴有老鼠图片的地方，最后数接住老鼠图片的数量，数量最多者获胜。

（四）自由游戏，教师指导

（1）教师引导幼儿将球抛到头顶以上。

（2）教师引导幼儿数一数抓到了几只老鼠。

（五）放松活动

"猫咪们，今天我们抓到了偷吃的老鼠，让我们一起围成圈来跳一个圆圈舞吧。"

老狼老狼几点了

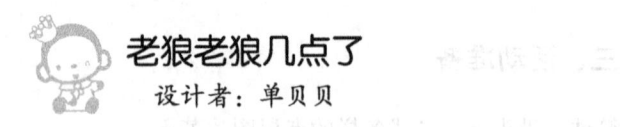

设计者：单贝贝

一、活动目标

幼儿通过本活动：①学习根据口令单手连续拍相应次数的球；②体验篮球活动的乐趣。

二、活动关键点

听口令、单手连续拍球。

三、活动准备

篮球、小羊胸饰、老狼胸饰若干；幼儿已经玩过"老狼老狼几点了"游戏，熟悉游戏规则。

四、动作要领

幼儿五指自然张开，手指放松，手掌包住球，掌心空出，用力将球往下拍。当球弹起，指腹触到球时，手掌顺球抬起一定高度后，将球继续往下拍，连续拍球。

五、活动过程

（一）热身活动，激发兴趣

"今天羊妈妈要带着小羊去草地上吃青草，小羊们准备好了吗？"（师幼围成圆圈做热身活动）

（二）示范游戏，介绍规则

（1）"孩子们，我们已经玩过'老狼老狼几点了'游戏了，谁能说说这个游戏的规则是什么？"（请个别幼儿回答）

（2）教师小结："对，一个人扮演老狼，其他人扮演小羊，小羊跟在老狼身后，边走边问'老狼老狼几点了'，老狼回答'1（2、3……）点了'。老狼回答12点的时候开始抓小羊，小羊则要转身往后跑，回到羊窝。"

（3）"今天这个游戏有了一点点改变，老师先示范游戏的玩法，请你们仔细观察哦。"

（4）教师提问："刚才的游戏中你发现了什么秘密，和之前的游戏有什么不一样？"（请个别幼儿回答，其他幼儿补充）

（5）教师小结："老狼说几点钟，小羊就用手连续拍球几下，当老狼说'天黑了'或'12点了'时，小羊就抱起球转身向横线处跑。老狼转身追捕，但不能超过横线，在横线前被抓到的小羊停玩游戏一次。"

（三）幼儿游戏，教师指导

1. 幼儿初次游戏，教师观察指导

（1）教师请幼儿到空地上自由练习连续拍球，提醒幼儿相隔1米间距，减少相互之间的干扰，站位如图3-1所示。幼儿练习，教师巡回指导，重点指导幼儿做出正确的单手拍球动作。

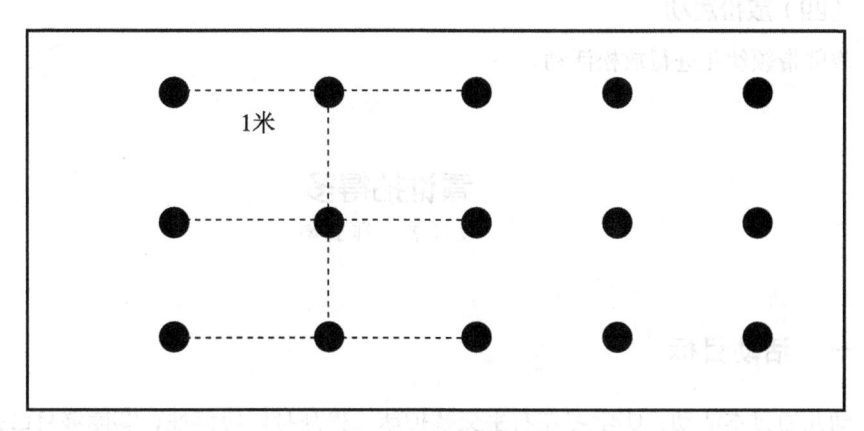

图3-1 练习站位图

（2）幼儿听教师口令"1、2、3……"，按数连续拍球。教师可邀请掌握程度好的幼儿示范。

（3）教师扮演老狼，幼儿扮演小羊，幼儿根据教师喊的点数进行相应次数的拍球。教师提醒幼儿遵守游戏规则："小朋友们要跟在老狼身后按数拍球。"站位如图3-2所示。

图3-2　游戏站位图

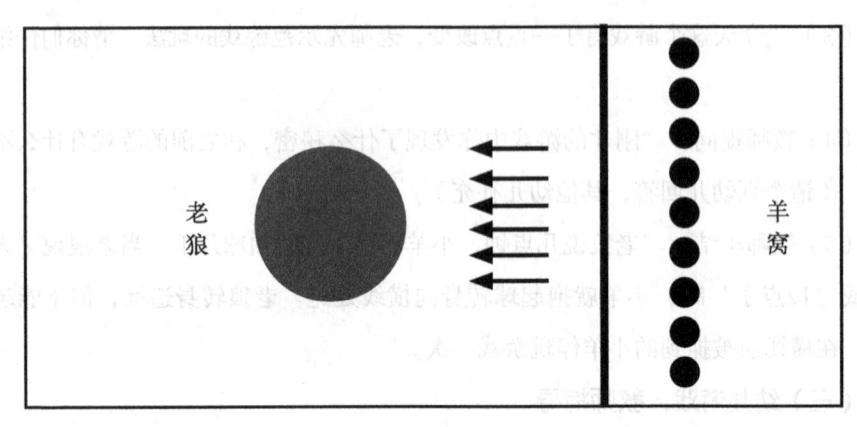

（4）根据游戏中出现的问题，教师与幼儿共同探讨，明确游戏规则。

2. 幼儿再次游戏，巩固游戏经验

幼儿重复进行游戏，巩固按数连续拍球的动作技能。

（四）放松活动

教师带领幼儿进行放松活动。

看谁拍得多

设计者：郑丽娜

一、活动目标

幼儿通过本活动：①学习左右手交替拍球，提高身体协调性；②能够自己找空地拍球，不与同伴发生争抢。

二、活动关键点

左右手交替拍球。

三、活动准备

篮球若干,音乐《健康歌》。

四、动作要领

幼儿五指自然张开,手指放松,手掌包住球,掌心空出,用力将球往下拍。当球弹起,指腹触到球时,手掌顺球抬起一定高度后,将球继续往下拍。尝试加入左手拍球的动作,练习左右手交替拍球。

五、活动过程

(一)热身活动

幼儿每人1个篮球跟着音乐节奏做热身活动(拍球、将球举到头顶上、脚下绕球等)。

(二)练习拍球

(1)巩固右手拍球。

(2)尝试左手拍球。

方法:幼儿双脚分开,双腿稍微弯曲,左手去碰球并顺势用力往下按,使球跳起来。

幼儿自由练习,教师个别指导。

(三)左右手交替拍球

(1)幼儿找空地自由练习,间隔1米左右。

(2)教师、幼儿发现左右手交替拍球的问题,共同小结。

(3)幼儿继续练习,教师巡回指导。

(四)游戏:看谁拍得多

方法:幼儿分成5组,每组6名幼儿,每次请1组幼儿拍球、1组幼儿做裁判,看哪名幼儿在1分钟内左右手交替拍球的次数最多。教师可以适时进行点评。其他幼儿喊"加油、加油"口号,活跃气氛。

（五）放松活动

幼儿进行放松活动，并以投球的方式将篮球送回球筐。

小兔投球

设计者：周艳

一、活动目标

幼儿通过本活动：①学习在离目标物1米处将球投向目标物，并尝试使用各种投球的方法；②增强上肢力量，提高身体协调性。

二、活动关键点

各种投球的方法。

三、活动准备

各种水果的图片贴在3面墙上，每面墙贴10张照片（每张图片上的水果不一样），图片离地高度为1~1.5米；篮球、小兔头饰若干。

四、动作要领

幼儿双手持球于胸前，对准目标用力伸臂，将球推向目标处。

五、活动过程

（一）情境导入，激发兴趣

（1）"秋天到了，许多水果都成熟了。今天兔妈妈要带兔宝宝去摘水果，水果长得高高的，我们用篮球宝宝帮忙，比比谁投到的水果多。"

（2）"兔宝宝先跟着兔妈妈一起来热热身，做做运动吧。"

（二）创设游戏，练习动作

（1）幼儿练习将球投向墙上的水果。

"你们看，墙上长了各种各样的水果，你们最想吃什么水果就将手中的球投向它，心里说一说，记一记，你投到了几种水果。最后来比一比谁投到的水果多。"

（2）幼儿分成3组，分散到3面墙前对墙投球。

（三）尝试多种投球的方法

（1）幼儿集中交流。

"刚才你们投到自己喜欢的水果了吗？你们是用什么方法投的呢？你们投到了几种水果？"

（2）教师演示正面投、蹲投的方法。

"兔宝宝们，我们来学一学刚才演示的几种方法吧。这次再来比一比谁投到的水果多。"

（3）幼儿分成3组，分散练习正面投、蹲投的方法，教师巡回指导。

（四）放松活动

教师带领幼儿用球在身体各个部位滚动，放松身体。

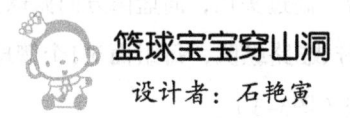

篮球宝宝穿山洞

设计者：石艳寅

一、活动目标

幼儿通过本活动：①认识篮球、篮板、篮筐、篮球架等；②初步学习双手投篮的方法，体验篮球活动的乐趣。

二、活动关键点

认识篮球，掌握双手投篮技巧。

三、活动准备

篮球若干，篮球架3个。

四、动作要领

幼儿双手持球于胸前,用力伸臂,高过头顶,向篮筐方向抛球。

五、活动过程

(一)热身活动

教师带领幼儿在篮球场做伸臂、弯腰等动作。

(二)认识篮球

"瞧!我这里有张任务卡,今天我们的主要任务就是送篮球宝宝过山洞。你们看,这里有好多篮球宝宝。首先,我们先来认识一下这些器材吧。"(教师带领幼儿认识篮球、篮板、篮筐、篮球架等,引导幼儿说一说这些都有什么作用)

(三)游戏:篮球宝宝穿山洞

(1)教师示范双手投篮(篮板降低到适合小班幼儿的身高),讲解动作要领:双手持球于胸前,用力伸臂,高过头顶,向篮筐方向抛球。

(2)幼儿分成3组,排成3路纵队,每组面对1个篮球架,依次用双手投篮,进行"篮球宝宝穿山洞"游戏(图3-3)。

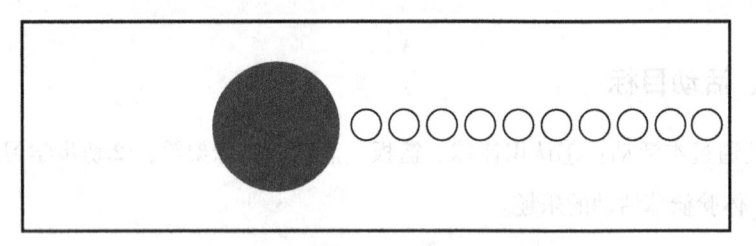

图3-3 "篮球宝宝穿山洞"游戏示意图(1)

(3)成功投篮进筐的幼儿可以奖励再进行1次投篮,未成功的幼儿在边上拍球等待第二轮游戏。(图3-4)

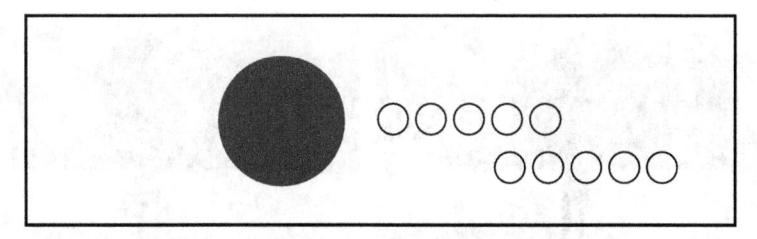

图3-4 "篮球宝宝穿山洞"游戏示意图（2）

（4）投进次数最多的幼儿获胜。游戏根据实际情况可进行多次轮换。

（四）放松活动

"你们今天玩得开心吗？说说自己的感受吧！篮球宝贝还有很多很多的玩法呢，我们下次再和它一起做游戏吧！"

第二节 小班篮球游戏

保龄球

一、游戏目标

幼儿通过本游戏：①学习用滚球的方式击倒保龄球瓶，体验击倒保龄球瓶的成就感；②增强上肢力量，提高手眼协调性。

二、游戏准备

篮球若干，保龄球瓶2套。

三、游戏玩法

幼儿以保龄球竞技者的角色融入游戏。在游戏的过程中，幼儿在指定地点将篮球用力滚出，击倒放置在一定距离处的保龄球瓶。（图3-5）

图3-5 "保龄球"游戏示意图

四、游戏规则

（1）幼儿需要在指定地点将篮球滚出。

（2）保龄球瓶全部击倒后，幼儿需要将保龄球瓶扶起摆放在教师指定的位置。

（3）将所有保龄球瓶击倒用时最短者获胜。

小篮球找朋友

一、游戏目标

幼儿通过本游戏：①能学会两两合作进行滚球游戏；②体验滚球游戏的乐趣。

二、游戏准备

篮球若干。

三、游戏玩法

（1）教师示范滚球动作，提醒幼儿滚球时用双手从球的后面往前推。

（2）教师与幼儿手拉手围成一个由16人组成的直径大约5米的圆圈坐下，可以根据难度增加幼儿之间的距离。教师与幼儿一起唱儿歌："小篮球，滚一滚；小篮球，找朋友，找到朋友快回来。"

（3）教师将篮球滚到一名幼儿手中，幼儿再将篮球滚回。

（4）幼儿相互进行滚球游戏。（图3-6）

图3-6 "小篮球找朋友"游戏示意图

四、游戏规则

（1）幼儿保持一定的距离，面对面地蹲下。

（2）幼儿须用手接住球后，再将球滚回。

（3）游戏结束时，幼儿须将球放置整齐。

小兔运球

一、游戏目标

幼儿通过本游戏：①提高平衡能力；②体验运球游戏的乐趣。

二、游戏准备

篮球、轮胎、小椅子、小兔头饰若干。

三、游戏玩法

教师创设小兔运球送篮球宝宝回家的情境。幼儿戴上小兔头饰扮演小兔。游戏开始，小兔举球走圈，顶球过桥（用小椅子搭成桥），送篮球宝宝回家。（图3-7）

图3-7 "小兔运球"游戏示意图

四、游戏规则

小兔举球和顶球的动作要准确到位,需要将手掌打开,捧住篮球,勿让篮球落地。如篮球落地则重新开始。

小蛇游游

一、游戏目标

幼儿通过本游戏:①练习双手不离球的"S"形绕障碍物滚球;②提高手眼协调性与控球能力。

二、游戏准备

篮球、障碍物、小旗子若干。

三、游戏玩法

教师创设"小蛇游游"的情境,引导幼儿以"S"形绕障碍物滚球的形式模仿蛇"S"形爬行。游戏中,幼儿每人1个篮球,绕完所有的障碍物,并在终点处摘取代表胜利的小旗子。(图3-8)

图3-8 "小蛇游游"游戏示意图

四、游戏规则

（1）在滚球的过程中，幼儿双手不能离开球，尽量做到手贴着球进行滚球。

（2）幼儿以"S"形前进的形式绕过场地上的障碍物，障碍物的间距设置为2米。

（3）在滚球的过程中，幼儿身体与球不要碰到障碍物。

（4）到达终点时幼儿摘取代表胜利的小旗子。

击鼓传球

一、游戏目标

幼儿通过本游戏：①能根据鼓声把自己手上的球传给同伴；②学习根据指令做出迅速反应。

二、游戏准备

鼓1只，鼓槌1对，篮球1个。

三、游戏玩法

根据人数，幼儿围坐成1个直径大约5米的圆圈。1名幼儿用鼓槌击鼓，其余幼儿根据鼓声按顺序传球，鼓声停止，球在哪名幼儿手里，哪名幼儿就出来击鼓。（图3-9）

图3-9 "击鼓传球"游戏示意图

四、游戏规则

幼儿双手抱球，鼓声响起时，迅速用双手将球传递给下一名幼儿，鼓声停止时，球在谁的手里谁就和击鼓的幼儿互换，游戏继续进行。

胯下传球

一、游戏目标

幼儿通过本游戏：①练习胯下传球，提高身体协调性；②体验与同伴一起玩传球游戏的乐趣。

二、游戏准备

篮球若干。

三、游戏玩法

幼儿4~5人1组，间隔一定距离站成一列。第一人从胯下传球给下一人，依次传至最后一人，最后一人接球后迅速跑至第一人前，依次进行。（图3-10）

图3-10 "胯下传球"游戏示意图

四、游戏规则

幼儿双手捧球，将球从胯下传递给下一名幼儿，下一名幼儿双手接球，依次进行。如球落地，则重新开始，规定时间内轮数完成多的组获胜。

快快接住它

一、游戏目标

幼儿通过本游戏：①学习抛接球的基本方法，提高手眼协调性；②感受自抛自接球的乐趣。

二、游戏准备

篮球1个。

三、游戏玩法

幼儿聚拢在场地上，教师手持球，把球抛起的同时喊一名幼儿的名字。被喊到的幼儿迅速跑过来接球，其余幼儿四散跑开。如果教师喊了"定"，则四散跑开的幼儿不能再动。接球者用最快的速度双手接住球，然后一边抛球一边喊另一名幼儿的名字，依次进行。（图3-11）

图3-11 "快快接住它"游戏示意图

四、游戏规则

幼儿要以最快的速度去接球。喊"定"的角色也可由教师替换为接球者,接到球同时喊"定"。

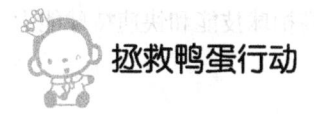

拯救鸭蛋行动

一、游戏目标

幼儿通过本游戏:①尝试双手接球;②体验篮球游戏的乐趣。

二、游戏准备

鸭妈妈头饰1个,篮球、球筐若干。

三、游戏玩法

教师创设"拯救鸭蛋行动"的情境,让幼儿排成一队聚集在场地上。教师戴上鸭妈妈头饰扮演鸭妈妈。鸭妈妈持球,每次抛1个球。幼儿迅速跑过来接球,并把球放入指定的球筐,然后排到队伍的最后面。所有幼儿依次往前接球,如果有人没接住,那么他直接往后,下一轮再来。游戏可循环进行。

四、游戏规则

幼儿用双手接球,接球过程中篮球不能落地。由幼儿自己记住接了几个球,接球最多者获胜。

老狼来了静悄悄

一、游戏目标

幼儿通过本游戏：①提高拍球技能和快速持球能力；②体验篮球游戏的乐趣。

二、游戏准备

篮球、小椅子若干，大灰狼头饰1个，哨子1个。

三、游戏玩法

幼儿坐在自己的小椅子上围成一个圆圈进行拍球练习。教师戴上大灰狼头饰扮演大灰狼，绕着幼儿转，拍到哪名幼儿的肩，哪名幼儿就抱住球不动，直到大灰狼离开。如果大灰狼在圆圈中间吹哨子，全体幼儿抱住球不动，没有及时停下来、被大灰狼发现的幼儿要被抓到狼窝。游戏反复进行。（图3-12）

图3-12 "老狼来了静悄悄"游戏示意图

四、游戏规则

幼儿单手拍球。拍球的幼儿臀部不能离开小椅子，如果球跑了要捡回来马上坐回到自己的小椅子上。

我们都是木头人

一、游戏目标

幼儿通过本游戏：①学习按节奏拍球；②体验篮球游戏的乐趣。

二、游戏准备

篮球若干。

三、游戏玩法

幼儿在场地上一边唱儿歌一边根据儿歌的节奏拍球。儿歌："山山山，山上有个木头人，不会说话不会动，动动就是小蜜蜂。"当唱到"小蜜蜂"的时候，幼儿要停止拍球，并抱球摆造型，教师帮忙拍照留念。游戏反复进行。（图3-13）

图3-13 "我们都是木头人"游戏示意图

四、游戏规则

幼儿唱到"小蜜蜂"的时候，必须停止拍球，并抱球摆造型，否则停玩1次。

送篮球宝宝回家

一、游戏目标

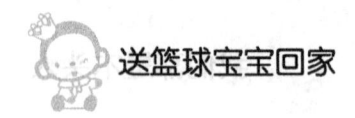

幼儿通过本游戏：①尝试高低运球，提高运球技能；②尝试与同伴合作，培养合作意识。

二、游戏准备

篮球若干，长竹竿1个。

三、游戏玩法

幼儿4人1组，从起点出发，向前运球到山洞（教师将长竹竿稍微抬起作为山洞）前。过山洞时幼儿要压低身子低运球向前，直到把篮球宝宝送到终点。（图3-14）

图3-14 "送篮球宝宝回家"游戏示意图

四、游戏规则

幼儿单手运球，最先到达终点的组获胜。

小兔抱西瓜

一、游戏目标

幼儿通过本游戏：①提高柔韧性和协调性；②体验运球游戏的乐趣。

二、游戏准备

篮球、小兔头饰、球筐若干。

三、游戏玩法

教师创设"小兔抱西瓜"的情境。幼儿戴上小兔头饰扮演小兔。游戏开始，小兔跳过去抢西瓜（篮球），尽可能多地抱西瓜，将西瓜抱回家（放进球筐），看谁抱的多。（图3-15）

图3-15 "小兔抱西瓜"游戏示意图

四、游戏规则

幼儿可用任何方法抱球。在规定时间内，抱回球最多者获胜。

第四章 中班篮球活动及游戏

第一节 中班篮球活动

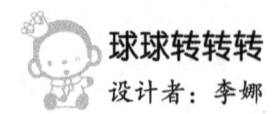

球球转转转

设计者：李娜

一、活动目标

幼儿通过本游戏：①探索篮球的多种玩法，体验与篮球互动的乐趣；②重点练习篮球围绕身体转的方法，提高身体协调性。

二、活动关键点

篮球围绕身体转的方法。

三、活动准备

篮球若干。

四、动作要领

幼儿手指放松拨球。

五、活动过程

（一）游戏导入，热身环节

（1）"小朋友们，前段时间我们学习了一首儿歌叫《大篮球》，我们一起来唱一唱。"

（2）教师和幼儿边唱儿歌边玩游戏。教师边拍球边唱儿歌："大篮球，真正好，拍拍拍，跳跳跳，一会儿低，一会儿高。"唱到"跳跳跳"时，幼儿就变成篮球随意蹦跳。

（二）探索玩法，引出重点

（1）"小朋友们，刚才我们都变成了篮球，学着篮球跳跳跳，接下来老师给你们每人准备了1个篮球，请你们去玩一玩，看谁的玩法最多，和别人的不一样，等会儿分享给大家。"（教师引导幼儿自由探索玩篮球的方法，看谁的花样多，和别人玩的不一样）

（2）"你刚才是怎么玩的？请你分享给大家。"（幼儿站成2排，分享自己的玩法，教师做适当的指导。当听到有好玩法的时候，教师带领幼儿一起尝试，如拍球、滚球、胯下传球、抛接球等）

（3）"刚才我们想出了那么多好玩的办法，球可以拍、可以滚、可以传、可以转，那除了在地上转以外，你觉得还可以在什么地方转呢？"（教师引出重点：在身体周围转）

（三）重点指导，加强练习

（1）"你有什么好办法让球绕着身体转，而且不掉下来呢？"（幼儿分散练习，探索球绕身体转且不让球掉下来的办法）

（2）幼儿站成2排，分享自己的方式、方法。

（3）教师小结：让球贴近身体转，至少保持一只手在球上，身体随着球的滚动进行摆动。（动作要领：手指放松拨球）

（4）幼儿再次尝试篮球围绕身体转的练习方法。

（四）分组比赛，巩固玩法

幼儿分成人数相等的2组进行比赛。每组1个篮球，第一名幼儿将篮球围绕身体转，转完一圈后，传给第二名幼儿，依次接力下去。如果中途球掉了，掉球者将其捡起来，重新围绕身体转。最先全部转完的组获胜。教师当裁判，比赛可进行2~3轮。

（五）器械整理，放松环节

教师引导幼儿把自己的篮球放进球筐里，然后带领幼儿进行放松活动。

看谁拍得多

设计者：黄晶璐

一、活动目标

幼儿通过本活动：①尝试用按压的方法原地拍球，学习手掌吸球的动作；②练习用各种方式连续拍球，体验连续拍球的成就感。

二、活动关键点

按压、吸球、抬头。

三、活动准备

篮球、小苹果贴纸若干。

四、动作要领

幼儿五指自然张开，手指放松，手掌包住球，掌心空出，用力将球往下拍。当球弹起，指腹触到球时，手掌顺球抬起一定高度后，将球继续往下拍。

五、活动过程

（一）热身活动

全体幼儿围成一个圈，根据口令做热身活动。

（二）基本部分

（1）教师以"和篮球宝宝一起玩"情境导入活动，让幼儿练习原地拍球。

①"今天我们一起来和篮球宝宝做游戏，请你们想办法让篮球宝宝跳起来。"

②幼儿每人1个篮球，练习原地拍球动作。

③教师请动作熟练的幼儿上前展示，其他幼儿观看。教师和幼儿讨论原地连续拍球的方法是不是有按压、吸球、抬头。

④幼儿排成2列，左右相隔两臂，面对面进行原地拍球，熟悉拍球动作。

（2）原地转圈拍球。

幼儿尝试原地转圈拍球，前后左右拉开一定距离，听信号集体同时练习。

要求：教师引导幼儿抬头看前方，不低头看球。

（3）原地拍球比赛游戏：拍球高手。

①幼儿分组比赛，每组围成一定间隔的圈进行原地拍球，计时1分钟，看谁拍球的次数多。教师提示幼儿迎球时抬头，引导幼儿练习时抬头观察。

②每组拍球次数最多的幼儿进行集体展示，其他幼儿进行评选，评选出的班级拍球明星获得1个小苹果贴纸。

（三）结束部分

（1）教师带领幼儿做放松活动，合作整理篮球。

（2）教师组织幼儿有序地回活动室，喝水、擦汗等。

（3）教师组织幼儿进行活动回顾和总结。

帮助农民伯伯抢丰收

设计者：许萍

一、活动目标

幼儿通过本活动：①初步掌握行进间直线运球和高低运球的动作要领；②体验篮球活动的乐趣，激发对篮球活动的兴趣。

二、活动关键点

屈膝、平衡、控制。

三、活动准备

粮食（装有6个小沙包或者小纸球的麻袋）、丰收筐（球筐）、山洞（大号呼啦圈，两边绑在椅子上，呈山洞样）、篮球若干，音乐《丰收歌》。

四、动作要领

球在人的右前方，边走边拍球。低运球时重心放低（屈膝），高运球时重心往上移（屈膝程度小），通过手用力的大小控制球弹起的高低。运球时抬头，眼看前方。

五、活动过程

（一）热身活动

（1）谈话引题。"农民伯伯丰收了，有好多粮食需要我们帮忙收进来。我们一起做个小农民吧！"

（2）热身操。"小农民们，跟着我一起干起来吧！跟着老师做篮球热身操。"（音乐《丰收歌》）

第一个8拍：伸展运动，拿着篮球往左或往右伸直手臂同时转头各一次，手臂上伸并抬头两次。

第二个8拍：腰部运动，拿着篮球沿着身体画圈圈。

第三个8拍：转体、腰部运动，拿着篮球先后向两个方向转体并弯腰。

第四个8拍：整理运动，拿着篮球敲敲背、敲敲腿。

后面4个8拍重复。

（二）基本部分

（1）帮助农民伯伯乐丰收——运球。

方法：小农民们在起点准备，对面有很多粮食。小农民们运球到对面，然后一手抱住球，一手拎起地上的粮食，跑回来将粮食放到丰收筐内。

（2）帮助农民伯伯抢丰收——高低运球。

"小农民们真棒，还有更多更远的粮食需要大家帮忙呢！"

"你们看！路线上有什么变化？（山洞）猜猜怎么抢丰收？"（幼儿自由表述）

方法：小农民们运球过去，遇到山洞，进行低运球（屈膝程度要大），过了山洞后继续高运球（可以使膝稍微伸直）到对面有粮食的地方，一手抱住球一手拎起粮食，跑回起点将粮食放在丰收筐内。

（3）相互交流。

"小农民们在抢丰收中遇到了什么困难？交流一下吧。"

（4）再次练习，加强巩固。

"小农民们，还有最后一批粮食，我们赶紧加油吧！"

（三）放松环节

"和篮球宝宝一起跳丰收舞，然后带着粮食回家！"

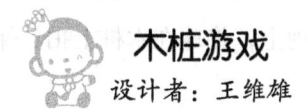

木桩游戏

设计者：王维雄

一、活动目标

幼儿通过本活动：①尝试用不同的方法在木桩上进行篮球游戏；②能保持身体的平衡，不让自己的球掉下去；③体验合作游戏的乐趣。

二、活动关键点

保持身体平衡。

三、活动准备

木桩（直径35厘米、高25厘米）、篮球若干。

四、动作要领

幼儿五指自然张开，手指放松，手掌包住球，掌心空出，用力将球往下拍。当球弹起，指腹触到球时，手掌顺球抬起一定高度后，将球继续往下拍。

五、活动过程

（一）开始部分

热身准备：教师带领幼儿做篮球热身操。

（二）基本部分

（1）教师放置木桩，请幼儿在木桩上自由地走一走。

（2）幼儿带球在木桩上自由玩耍，教师观察幼儿的玩法。

（3）教师请幼儿介绍自己的玩法并上来试一试，其他幼儿学一学。

（4）教师结合幼儿的玩法小结并介绍一些新的玩法：

①坐桩拍球：幼儿拿球坐在木桩上，进行拍球。拍球过程中球不能掉落。

②桩上拍球：幼儿站在地上，将球在木桩上拍，保持身体平衡，尽量不让球从桩上掉落。

③抱球走桩：幼儿拿着球从木桩上走过去，不让自己掉下来。

④绕桩运球：幼儿5人1组站在起点，第一名幼儿拍球绕过几个木桩后原路返回，将球给第二名幼儿，依次进行。最后看哪组最先完成绕桩运球。

（5）幼儿分组学一学、练一练这些技能。

（三）结束部分

教师带领幼儿做放松活动，整理篮球和场地。

S线运球

设计者：陈蕾

一、活动目标

幼儿通过本活动：①学习S线运球，能够绕过障碍物沿S线单手运球；②积极探索有效的运球方法，体验成功带来的快乐。

二、活动关键点

S线、稳定、速度。

三、活动准备

篮球、障碍物若干，音乐。

四、动作要领

幼儿运球时降低重心，将球拍在身体的侧前方，边跑边拍球，前臂要顺着球的惯性弯曲和伸直。遇到障碍物时，幼儿换手运球。

五、活动过程

（一）游戏导入，热身活动

教师和幼儿回忆"拍手游戏"，找到好朋友。

（二）讲解要点，多次练习

（1）准备4~5个障碍物，障碍物间隔1.5~3米呈直线摆放，幼儿依次从起点出发，绕障碍物运球，再从侧面沿直线运球返回。比谁运球快又不碰到障碍物。

（2）缩短障碍物之间的距离，幼儿再次绕障碍物运球，并加快运球速度，再从侧面沿直线运球返回。运球时不能碰到障碍物。

（3）幼儿分组运球比赛，看哪组最后一名幼儿最先回到起点。

（三）游戏巩固，分组比赛

（1）幼儿6人1组，面对面各3人，进行S线运球接力比赛。

（2）加大难度，幼儿每次绕障碍物时要同时绕过并列的2个障碍物。看哪组最快，中途不掉球。

（四）放松活动

（1）教师奖励获胜组。

（2）教师带领幼儿抱着篮球随音乐做放松活动。

小丑运球

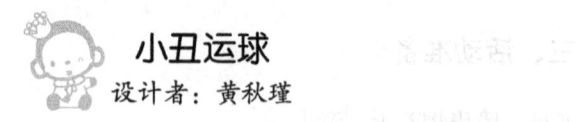

设计者：黄秋瑾

一、活动目标

幼儿通过本活动：①学习连续绕过障碍物的曲线运球，体会曲线运球时身体的跟进；②体验篮球活动的乐趣。

二、活动关键点

按压、抬引、转向。

三、活动准备

篮球、小丑头饰、障碍物若干，音乐。

四、动作要领

幼儿运球时降低重心，将球拍在身体的右前方，边跑边拍球，前臂要顺着球的惯性弯曲和伸直。遇到障碍物时，幼儿换手运球。

五、活动过程

（一）热身活动

幼儿跟着音乐节奏自由玩球、滚球、拍球。

（二）探索各种单手运球方法

（1）幼儿尝试单手运球。

（2）个别幼儿演示单手运球的方法并讲解。

（三）运球游戏

（1）幼儿曲线运球，教师讲解示范。

准备4~5个障碍物，障碍物间隔1.5~2米呈直线摆放，幼儿依次从起点出发，绕障碍物单手曲线运球，再从侧面沿直线运球返回。比比谁运球快又不碰到障碍物。

（2）游戏：小丑运球。

幼儿戴上小丑头饰扮演小丑。幼儿6人1组，分成5组，每组成一路纵队站立，各组第一名小丑听口令单手运球从起点出发，绕障碍物单手曲线运球到终点，然后从右侧沿直线运球返回起点，将球交给第二名小丑，依次进行（游戏时不能碰倒障碍物，碰倒障碍物要扶起来，再继续运球），看哪组完成最快。

（四）游戏结束，放松身体

（1）教师讲评游戏。

（2）幼儿互相捶背、捏肩，放松身体。

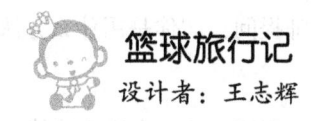

篮球旅行记

设计者：王志辉

一、活动目标

幼儿通过本活动：①尝试行进间过不同障碍物的侧身运球，增强控球能力；②感受竞赛带来的乐趣。

二、活动关键点

绕、钻等各种方式运球。

三、活动准备

篮球若干，球筐2个，长凳若干，提前布置好闯关游戏的场地。

四、动作要领

幼儿运球时侧身，前手弯曲护球，后手运球，并步往前。

五、活动过程

（一）开始部分

教师带领幼儿一起跳球操。

"我们要去篮球王国旅行，在旅途中会遇到很多困难，你们有没有信心克服？"

（二）基本部分

1. 遇到一条小河

（1）教师提问："前面有一条小河，你们想想怎么能过去？"教师请幼儿回答。

（2）教师请幼儿自主练习，尝试过河。

（3）幼儿过了小河，教师提问："你是用什么方法过小河的？"教师请个别幼儿上来示范。

（4）教师提炼几种方法（侧面运球、直线运球等）。

（5）教师小结："从几个小朋友过小河的方法来看，侧面移动运球过小河会使球更稳一点。"

（6）教师请幼儿再次尝试过小河。

2. 遇到一座桥

（1）教师提问："前面的桥挡住了我们的去路，我们要怎样才能过桥呢？"教师请幼儿说说各自的方法。

（2）幼儿自主探索后，教师提问："你是怎么过桥的？在过桥中遇到了什么困难？怎样才能让球跑呢？"教师引出把球拍得高一点、侧面移动过桥会比较稳的结论。

（3）幼儿再次尝试过桥。

3. 过冲垮的桥

（1）教师提问："不好，前面的桥被大水冲垮了，我们遇到更难的问题了，你们想想，能怎么过呢？"

幼儿回答。教师："孩子们，大胆地去尝试一下吧！"

（2）教师提问："你遇到了什么困难？你是怎么过的？"

（3）教师请个别幼儿上来示范。

（4）幼儿再次尝试过桥。

（三）竞赛活动

"孩子们，我们旅行的目的地到了，不过要进篮球王国的大门还需要一张入场券。谁能先得到入场券，谁就是第一名。现在让我们来一场比赛吧。"

规则：幼儿分成2组，每组第一名幼儿运球走过长凳，把球抛入球筐后再抱球返回将球交给第二名幼儿，依次进行，一直到最后一名幼儿完成为止。哪组最快结束，哪组就最先获得入场券。

（四）结束活动

教师和幼儿共同做放松操，结束后将球投入球筐，散步返回活动室。

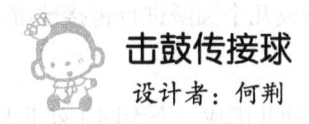

击鼓传接球

设计者：何荆

一、活动目标

幼儿通过本活动：①学习简单的传接球动作，进一步熟悉球性；②提高身体协调性。

二、活动关键点

双手成"八"字传接球。

三、活动准备

篮球若干，鼓1只，鼓槌1对，音乐。

四、动作要领

传球的幼儿双手五指自然张开抱住球，伸双臂将球用力推向对方胸前。接球的幼儿双手五指自然张开，手向前伸，接触到球的同时，双手接住球往后收到胸前。

五、活动过程

（一）热身活动

幼儿围成一个圆圈，听音乐做热身活动。

（二）学习正确的传接球方法

（1）教师边唱儿歌边演示正确的传接球动作。

儿歌："八"字胸前推出去，"八"字胸前接过来。我传你接，你传我接，接球传球真快乐。

（2）幼儿练习，教师巡视指导。

（3）幼儿示范传接球，教师小结。

（三）传接球游戏

（1）幼儿自由分组，站成几个圆圈进行传接球游戏，看哪一组传接得又快又稳，不掉球。

（2）击鼓传接球游戏：幼儿围成一个大圆（幼儿与幼儿间隔1米左右）。教师站在中间敲鼓，鼓声响起时幼儿依次沿逆时针方向传接球，鼓声停，球在哪名幼儿手中，哪名幼儿就做下一轮小鼓手。要求动作规范，不能掉球。

（四）放松活动

（1）教师组织幼儿进行活动回顾和总结，然后进行放松活动。

（2）幼儿合作整理器材。

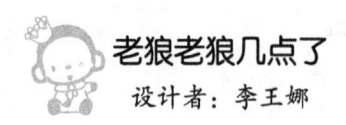

老狼老狼几点了

设计者：李王娜

一、活动目标

幼儿通过本活动：①能听口令进行原地双手拍双球练习；②提高身体协调性，体验篮球活动的乐趣。

二、活动关键点

反应能力、双手拍双球。

三、活动准备

篮球若干，音乐。

四、动作要领

幼儿五指自然张开，手指放松，手掌包住球，掌心空出，用力将球往下拍，当球弹起，指腹触到球时，手掌顺球抬起一定高度后，将球继续往下拍。左右手拍球用力要均匀，且拍球的高度要一样。

五、活动过程

（一）热身活动

教师带领幼儿到场地，听音乐一起做篮球操。

（二）自由探索各种双手拍双球的游戏

（1）幼儿各自拿好2个篮球，来到场地，一起探索双手拍双球的游戏。

（2）教师引导幼儿双手拍双球并能抱住球。

（三）游戏活动

（1）幼儿玩"老狼老狼几点了"的游戏，听到几点钟，就在原地拍几下球。

（2）增加难度，到老狼喊"12点了"的时候，幼儿抱球回自己的家。

（四）放松活动

教师带领幼儿进行放松活动。

听节奏拍球

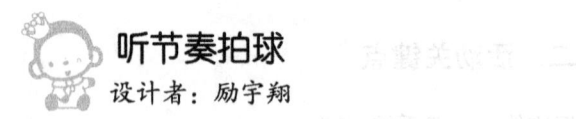

设计者：励宇翔

一、活动目标

幼儿通过本活动：①能用按压的方法进行原地双手拍双球；②初步掌握原地慢、快拍球的动作，能够有节奏地拍球。

二、活动关键点

按压、吸球、抬头。

三、活动准备

（1）幼儿会玩"慢、快跑"游戏。

（2）篮球若干，哨子1个，音乐。

四、动作要领

幼儿五指自然张开，手指放松，手掌包住球，掌心空出，用力将球往下拍，当球弹起，指腹触到球时，手掌顺球抬起一定高度后，将球继续往下拍。左右手拍球用力要均匀，且拍球的高度要一样。

五、活动过程

（一）热身活动

（1）幼儿听哨音进行抱球"慢、快跑"游戏。

（2）熟悉球性练习。

教师和幼儿做关于球的基本动作，教师引导幼儿练习原地单手拍球（注意用按压的方法）。

（3）原地双手拍双球。

"让我们一起来原地双手拍双球，看谁的小手控球能力强，能够连续不断地拍球。"

（二）尝试并探究慢、快拍球

（1）幼儿观察、比较慢、快拍球的方法。

幼儿示范2种拍球方法，教师请其他幼儿说一说两者的区别。

（2）幼儿自由分组，初步尝试练习。

（3）教师和幼儿一起分析动作，引导幼儿说出慢、快拍球的要点。

小结：慢拍球的时候用力，等球弹到腰部的位置再拍下去；快拍球时重心要低，把球拍到膝关节的位置，拍得越低就越快。

（三）学习慢、快双手拍双球

（1）幼儿根据教师口令进行慢、快双手拍双球。

（2）教师再次小结要点，引入哨音。

（3）幼儿根据教师哨音进行慢、快双手拍双球。

（四）听音乐拍球游戏

（1）教师播放音乐，幼儿听音乐，感受节奏。

（2）幼儿初步尝试跟随音乐节奏拍球。

"你们可以试一试听音乐，跟着节奏拍球，就像我们打节拍一样，一定要仔细听音乐哦！"

（3）教师让幼儿休息并说一说怎样跟着节奏拍球。

（4）分析好以后，幼儿再次尝试跟随音乐节奏拍球。（教师可以帮着幼儿打节奏）

（五）放松活动

（1）幼儿放松手臂和手指，进行体前屈练习。

（2）教师与幼儿一起做甩甩手、拍拍腰、捶捶背等动作。

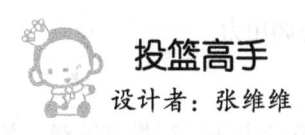

投篮高手

设计者：张维维

一、活动目标

幼儿通过本活动：①学习"倒马桶"式投篮的方法，感受投篮的乐趣，提高手眼协调性；②培养自由探索、勇于创新的精神和团结合作的意识，体验与同伴合作游戏的乐趣。

二、活动关键点

由下而上屈膝、上提、发力。

三、活动准备

篮球若干。

四、动作要领

幼儿双腿弯曲、分开，与肩同宽，双手五指自然张开持球，腿部用力时两臂上举将球抛出，由下而上发力，用力将球投至篮筐上方一定高度。

五、活动过程

（一）热身活动

教师与幼儿一起拿球进场。在教师的带领下，幼儿抱球做热身活动。

（二）学习"倒马桶"式投篮的方法

（1）教师示范讲解：双脚自然开立，双手持球于胸前。投篮时，脚蹬地发力，双臂向前方伸出并有一定的弧度，把球投向篮筐。

（2）幼儿两两结伴，面对面站好，间距2米左右，持球，按投篮方法进行投有弧度球的练习。

（3）投篮动作要连贯，可逐渐拉长2人间的距离，让幼儿体会改变距离后投篮时蹬地、伸臂、出球的全身协调用力。

（三）投篮游戏

幼儿用"倒马桶"式投篮的方法进行投篮游戏，教师提醒幼儿投篮距离可由近到远，看谁进球多，把进球数最多的幼儿评为本班"投篮高手"。

（四）游戏：抢球大战

教师介绍玩法：幼儿集体在固定的场地上进行传球游戏，教师把球传给一名幼儿，其他幼儿想办法抢球，持球的幼儿应尽量不让其他幼儿抢到自己的球。持球的幼儿既可以运球跑，也可以把球传给其他幼儿。

规则：幼儿要连续拍球，保护好自己的球，适时把球传给其他幼儿。

（五）结束活动

教师与幼儿一起收拾篮球，散步回活动室。

第二节　中班篮球游戏

网小鱼

一、游戏目标

幼儿通过本游戏：①提高动作的灵敏性和反应能力；②体验合作网小鱼的乐趣。

二、游戏准备

篮球若干。

三、游戏玩法

2名幼儿做渔网，其余幼儿做成群结队的小鱼。做渔网的2名幼儿相对站立，双手相握，举过头顶。小鱼在起点排成"一"字队形，等待穿越渔网。小鱼穿越渔网时手抱着篮球，穿越后拍球回到队尾准备下一次穿越。（图4-1）

图4-1 "网小鱼"游戏示意图

四、游戏规则

幼儿穿越渔网后,需要单手拍球回到队尾,如果是手抱球回到队尾要表演一个节目。

首尾相连

一、游戏目标

幼儿通过本游戏:①感受运球的球感,提高行进间运球能力;②培养相互协作的精神。

二、游戏准备

篮球若干。

三、游戏玩法

幼儿每人1个篮球,围成一个大圆。其中一名幼儿喊口令,其他幼儿一起绕大圆单手运球,同向行进,首尾相连,节奏保持一致。(图4-2)

图4-2 "首尾相连"游戏示意图

四、游戏规则

（1）游戏中，幼儿保持绕大圆单手运球。
（2）幼儿掉球则被淘汰。

奇趣夺宝

一、游戏目标

幼儿通过本游戏：①发展运动水平，提高双手运双球的能力；②萌发参与竞争的意识，并能遵守游戏规则。

二、游戏准备

篮球若干，粉笔1盒。

三、游戏玩法

在地上用粉笔标出数字1、2、3、4……，这段路作为数字障碍桥。幼儿从起点出发，单脚跳过数字障碍桥（要按照数字的顺序跳），在宝库里取2个宝贝（篮球），然后双手双球同时拍，把2个宝贝（篮球）运回起点。（图4-3）

图4-3 "奇趣夺宝"游戏示意图

四、游戏规则

若途中篮球掉了，幼儿应将球迅速捡起继续游戏。

捕鱼高手

一、游戏目标

幼儿通过本游戏：①提高奔跑躲闪的能力；②体验篮球游戏的乐趣。

二、游戏准备

小鱼头饰2个，篮球2个。

三、游戏玩法

2名幼儿扮演游动的小鱼，其余幼儿围坐成一个大圆，面向圆心，扮演捕鱼者的角色。扮演小鱼的2名幼儿戴上小鱼头饰站在大圆内。捕鱼者用双手滚动篮球，设法让球触碰到小鱼，小鱼灵活躲闪。如果小鱼被篮球击中，则需要与用篮球击中他的捕鱼者交换角色。游戏重复进行。（图4-4）

图4-4 "捕鱼高手"游戏示意图

四、游戏规则

（1）游戏中，捕鱼者不能把篮球高高抛起。
（2）篮球滚动，碰到谁的脚，就由谁来滚球。

木屋探险

一、游戏目标

幼儿通过本游戏：①练习定点拍球的动作，提高弹跳能力和平衡能力；②体验篮球游戏的乐趣，逐步提高对篮球活动的兴趣。

二、游戏准备

木条搭建的房子，骰子、篮球若干。

三、游戏玩法

幼儿分成人数相等的若干组，以5~6人1组为宜。游戏开始，第一名幼儿带1个篮球站在第一方格前的准备区，抛骰子1次，根据骰子显示的数字，抱着篮球以双脚跳的形式跳到相应的格子里，原地单手拍球相应次数（根据骰子抛的数字）。结束

后，幼儿快速带球返回，把球传递给下一名幼儿。游戏重复进行。（图4-5）

图4-5 "木屋探险"游戏示意图

四、游戏规则

（1）幼儿在双脚连续跳时不能踩到障碍物。

（2）原地单手拍球次数要等于骰子抛的数字。

过独木桥

一、游戏目标

幼儿通过本游戏：①能抱球在独木桥上自由行走；②提高运球能力和平衡能力。

二、游戏准备

篮球若干，凳子组成的2个独木桥。

三、游戏玩法

幼儿分成2组进行游戏，从起点运球到独木桥处，抱球走过独木桥，然后从凳子

外侧运球返回将球交给第二名幼儿，依次进行，最后看哪组最先完成。（图4-6）

图4-6 "过独木桥"游戏示意图

四、游戏规则

幼儿双手抱球过独木桥。

我只相信你

一、游戏目标

幼儿通过本游戏：①尝试与同伴一起进行运球游戏；②体验协作游戏的乐趣。

二、游戏准备

平衡木2块，篮球、障碍物若干。

三、游戏玩法

幼儿2人1组，面对面或背对背，把1个篮球夹在中间。游戏开始，2人按指定路线走平衡木、绕障碍物等。如中途篮球掉落则幼儿停止游戏，重新回到起点再进行游戏。幼儿合作把球运到指定的地方，看哪组速度最快。（图4-7）

图4-7 "我只相信你"游戏示意图

四、游戏规则

2名幼儿在合作运球的过程中手不能碰到球。

篮球碰一碰

一、游戏目标

幼儿通过本游戏练习运球技能，提高反应能力和身体协调性。

二、游戏准备

篮球若干。

三、游戏玩法

幼儿每人1个篮球，围成一个大圆。教师选一名幼儿拿着球去碰其他幼儿的球。其他幼儿一起唱儿歌：碰呀碰呀碰篮球，找一个你的好朋友，请你碰一碰篮球，碰了篮球赶紧运球跑。碰球的幼儿选一名幼儿去碰他的球，被碰球的幼儿马上起身运

100

球去追碰他球的幼儿。若碰球的幼儿被抓，则停玩1次游戏，被碰球的幼儿则开始新一轮的碰球游戏；若碰球的幼儿回到空位上，没有被抓，则不用停玩，由被碰球的幼儿开始新一轮的碰球游戏。（图4-8）

图4-8 "篮球碰一碰"游戏示意图

四、游戏规则

幼儿在逃跑或追逐时都需要单手运球，不能抱球跑。

投篮赛

一、游戏目标

幼儿通过本游戏：①练习投篮，提高动作的灵敏性和协调性；②萌发参与竞争的意识，并能遵守游戏规则。

二、游戏准备

小型的篮球架1个，篮球若干。

三、游戏玩法

幼儿分成2组，每组排成一路纵队，站在起跑线后。第一名幼儿边跑边拍球到篮球架处（距离幼儿队伍10米），跳起来投篮，投进后抱球跑回起跑线，把球交给第二名幼儿，站到队尾。第二名幼儿接到球后，重复第一名幼儿的动作，直至最后一名幼儿抱球跑回到队中才算结束任务。比较哪组幼儿最先完成投球任务。（图4-9）

图4-9 "投篮赛"游戏示意图

四、游戏规则

前面一名幼儿跑回起跑线后，下一名幼儿才能出发。如果没投中，直至投中才能抱球跑回。

跳动吧，篮球

一、游戏目标

幼儿通过本游戏：①提高手眼协调性和快速反应能力；②体验篮球游戏的乐趣，提高与同伴合作的能力。

二、游戏准备

篮球、四方布若干，音乐。

三、游戏玩法

幼儿4人1组。在音乐背景下，4名幼儿手持四方布4边，用拉、摆、抖的方法一起将布向上摆起，使布中的球不断跳动，但不能让球掉落到地面上。哪组坚持到音乐结束，球不掉落，哪组就挑战成功。（图4-10）

图4-10 "跳动吧，篮球"游戏示意图

四、游戏规则

幼儿合作，用拉、摆、抖的方法将球抛起并接住，球要有一定的腾空，不能只在布上滚动。

篮球保卫战

一、游戏目标

幼儿通过本游戏：①提高原地运球和行进间运球的能力；②体验篮球游戏的乐

趣，并敢于挑战更高的运球难度。

二、游戏准备

篮球若干。

三、游戏玩法

全体幼儿手持篮球围成圈站立，圈的大小根据人数确定，以幼儿左右间隔两臂距离为宜。游戏开始，先请一名幼儿站到圈外，绕圈拍球，并随机寻找一名目标幼儿，拍其后背。被拍后背的幼儿成为追逐者，带球跑追逐圈外幼儿。若在追逐的过程中，追逐者拍到圈外幼儿的后背，则其获胜，交换成为下一轮游戏的开始者，否则游戏角色不变，重新开始游戏。游戏重复进行。（图4-11）

图4-11 "篮球保卫战"游戏示意图

四、游戏规则

幼儿要边拍球边跑，拍后背时轻拍即可，不能过分用力。

听音乐传球

一、游戏目标

幼儿通过本游戏：①熟悉球性，提高与同伴合作的能力；②体验篮球游戏的乐趣。

二、游戏准备

篮球若干，音乐。

三、游戏玩法

幼儿围成一个大圆（相距一臂），音乐响起时用双手传球的方法传球给下一名幼儿（提前确定顺时针或逆时针），音乐停，球在谁手中，谁就给大家表演一个节目，节目必须是篮球技能秀（运球、抛接球、绕身体转球等）。（图4-12）

图4-12 "听音乐传球"游戏示意图

四、游戏规则

幼儿之间要有一定的距离。幼儿传球时需要掌握好力度。没接住球的幼儿算失败，失败的要表演一个节目。

大鲨鱼来了

一、游戏目标

幼儿通过本游戏：①巩固原地运球的动作与控球能力；②体验篮球游戏的乐趣。

二、游戏准备

篮球若干，大鲨鱼服饰1套。

三、游戏玩法

1名幼儿穿上大鲨鱼服饰扮演大鲨鱼，其余幼儿扮演小鱼。小鱼在场地上玩耍（单手连续低拍球），当听到"大鲨鱼来了"的时候，用身体各个部位控球，避免让大鲨鱼抢走球。（图4-13）

图4-13 "大鲨鱼来了"游戏示意图

四、游戏规则

如果幼儿拍球时球掉了或者球被大鲨鱼抢走了，那么这名幼儿就要给大家表演节目。

跳球进退

一、游戏目标

幼儿通过本游戏：①练习跳球进退，提高跳跃能力、反应能力及身体协调性；②能在运动中勇于面对困难，体验成功的快乐。

二、游戏准备

篮球若干。

三、游戏玩法

（1）当教师说"请小朋友们前进拍球"时，幼儿学小青蛙跳着后退拍球。

（2）当教师说"请小朋友们后退拍球"时，幼儿学小青蛙跳着前进拍球。

（3）幼儿熟练后，分角色、分组进行自主游戏。（图4-14）

图4-14 "跳球进退"游戏示意图

四、游戏规则

幼儿操作须与教师的口令相反。

疯狂升降机

一、游戏目标

幼儿通过本游戏：①练习高低原地运球动作，增强手指对球的控制能力；②感受不同高度拍球时按压力量的大小，逐步体会如何控制球。

二、游戏准备

篮球若干，不同颜色的信号灯4个。

三、游戏玩法

幼儿原地拍球，设置升降机情境。升降机有4层，分别对应4个动作：第4层时身体直立拍球（球与肩同高）；第3层时正常高姿势运球（球与胸部同高）；第2层时半蹲姿势运球（球与膝同高）；第1层时全蹲运球（球与小腿后部隆起的部分同高）。教师用不同颜色的4个信号灯表示楼层（红色代表第4层，黄色代表第3层，绿色代表第2层，白色代表第1层），幼儿根据指示做动作。（图4-15）

图4-15 "疯狂升降机"游戏示意图

四、游戏规则

幼儿须根据教师的指示牌变换单手拍球的姿势，反应慢的或没有改变姿势的为失败。

第五章　大班篮球活动及游戏

第一节　大班篮球活动

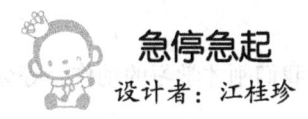

急停急起

设计者：江桂珍

一、活动目标

幼儿通过本活动：①初步掌握运球急停、急起的动作方法，提高对球的控制能力；②发展速度、灵敏性和协调性，体验篮球活动的乐趣。

二、活动关键点

急停，两步急停；急起，蹬地发力。

三、活动准备

篮球、球筐若干。

四、动作要领

幼儿运球急停时身体重心下降，身体后移；急起时，后脚蹬地，上体前倾，迅速向前运球。

五、活动过程

（一）热身活动

"小朋友们，和我一起来热热身，活动活动吧！"

（二）初步尝试

"今天我们要来学习篮球活动中很重要的动作——急停、急起。"

（1）幼儿尝试。

（2）教师示范：急停时身体重心下降，身体后移，运球时手按球的上方，眼看前方，原地运球；急起时，后脚蹬地，上体前倾，重心前移，同时运球手按拍球的后上方。

（3）教师引导幼儿观察并说一说动作的要点。

（三）练习技能

（1）"现在请你试试看我们刚才学习的动作，等会儿我会请表现好的小朋友来当小老师哦。"

（2）幼儿自由练习，教师个别指导。

（3）个别幼儿展示，教师再次讲解运球急停、急起的要领。

（4）幼儿深入练习。

（四）游戏：运西瓜

幼儿分成2组，在起点听指令将西瓜（篮球）运到指定的球筐里。规定时间内运西瓜多的组获胜。

（五）放松活动

"小朋友们，让我们坐下来敲敲腿，放松放松吧！"

螃蟹运球

设计者：戴晶晶

一、活动目标

幼儿通过本活动：①学习双人侧步行走运球，提高动作的协调性及快速反应能力；②体验与同伴游戏时合作的重要性，增强团队荣誉感。

二、活动关键点

降重心、挺背、变向、滑步、换手。

三、活动准备

篮球、球筐若干，音乐《螃蟹体操》。

四、动作要领

2人并排站好，右手运球向左移动，左跨右跟，按照运球节奏同时行进。

五、活动过程

（一）热身活动

幼儿成体操队形散开。跟随音乐《螃蟹体操》节奏，教师和幼儿共同活动身体。

（二）练习螃蟹步

（1）"小朋友们，螃蟹是怎么走的？谁来试一试？"

（2）"小螃蟹们，我们要把篮球宝宝运回我们的家，请2只螃蟹一起面对面站好，一起把篮球宝宝运回家，千万不要让篮球宝宝落地。"（30人分成3组，每组10人，两两合作练习）

教师小结：2人面对面站好，胸部紧贴篮球，按照节奏同时侧身往前走。

（三）练习2人螃蟹运球

（1）幼儿初步探索2人运球的方法。

"刚才是2只螃蟹运1个篮球，现在每只螃蟹都要运1个篮球，你们有什么好办法呢？"

（2）小组练习螃蟹运球法（幼儿尝试2人同时从右往左滑步运球的方法）。

教师小结：2人并排站好，右手运球向左移动，左跨右跟，按照运球节奏同时行进。

（3）集体练习，幼儿再次合作练习，教师巡回指导。

（四）游戏：螃蟹运球比赛

幼儿分成3组，每组两两合作出发。2只螃蟹从右往左滑步运球，走到家后把球放入球筐，然后排在队尾。依次进行，看哪组最快完成。

注意：2只螃蟹一定要团结协作。如果球掉了，需要从头再来。运球时要注意安全。

（五）放松活动

教师播放轻音乐，带领幼儿拍打腿部肌肉，放松身体。

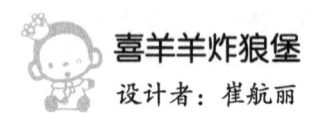

喜羊羊炸狼堡

设计者：崔航丽

一、活动目标

幼儿通过本活动：①学习花样运球的方法，提高动作的协调性；②体验合作游戏的乐趣，积极探索球的各种玩法。

二、活动关键点

节奏、协调、平衡。

三、活动准备

（1）喜羊羊头饰、篮球若干，球筐2个，音乐。

（2）障碍物若干，提前布置好闯关游戏的场地。

四、动作要领

运球：幼儿保持身体平衡，掌握拍球节奏。

抱球：幼儿做好护球动作，保持身体平衡，注意控制行进间的身体重心。

五、活动过程

（一）热身活动

教师与全体幼儿戴上喜羊羊头饰，跟着音乐一起练习球的各种拍法，进行热身活动（原地单手拍球、双手同步拍双球、原地转身接拍球、跳跃拍球、行走拍球等）。

（二）创设情境"拯救美羊羊"，带领幼儿练习花样运球

（1）"我们需要去狼堡将美羊羊救出来。你们有什么好办法？"幼儿自由回答，教师带领幼儿进入闯关场地，观察地形，与幼儿共同设计营救方案。

创设情境激发幼儿兴趣，培养幼儿勇于挑战、不怕困难的品质。

（2）闯关开始，教师带领幼儿运球穿越各种障碍。

①障碍一：隧道。

②障碍二：平衡木。

③障碍三："S"形线路。

（3）运送弹药。

"三关闯过了，我们终于到达狼堡了。现在我们需要将弹药（篮球）运送到狼堡下面的球筐里，这样炸狼堡的时候就有足够的弹药了。想一想，如何一次运送更多的弹药？"

将幼儿分成2组，让幼儿分组探讨并尝试用最快最省力的方法运送弹药。

第一关：双手抱双球比赛。

第二关：双手抱三球比赛。

第三关：双手抱三球接力比赛（根据幼儿能力选择）。

游戏规则：幼儿根据教师指令进行双手抱双球或者双手抱三球的比赛。在行进过程中球不能落地，若中途球落地，则须重新抱起球才能开始。交接球时，须双手传递球，不能抛接球。

比赛结束，弹药运送完毕，炸狼堡营救美羊羊行动成功！

（三）放松活动

"小朋友们在刚才的营救行动中表现得太好了，我们现在休息一会儿，带着美

羊羊一起回羊村吧！"

游戏结束之后播放轻音乐，所有人放松四肢，教师表扬所有幼儿，针对活动中出现的亮点及良好合作提出鼓励。

投篮小能手
设计者：缪露

一、活动目标

幼儿通过本活动：①学习原地双手胸前投篮的方法，提高投篮的命中率，提高手眼协调性；②培养自由探索、勇于创新的精神和团结合作的意识，体验与同伴合作的乐趣。

二、活动关键点

力度、拨动、一气呵成。

三、活动准备

篮球、高低不同的篮球架若干。

四、动作要领

（一）手指拨动篮球

投篮时手指轻轻地拨动篮球，能让篮球在空中回旋。整个动作要一气呵成，注意手指要灵巧地拨球。

（二）力度适中

投篮时，力度的把握比较关键，力度不合适会导致投篮命中率较低。

五、活动过程

（一）热身活动

教师带领幼儿一起做热身活动。

（二）学习原地双手胸前投篮

（1）教师示范讲解：双手持球于胸前，双脚自然开立，两膝微屈，手指自然张开呈球状，2个拇指相对呈"八"字形，用力握球，手掌自然空出。投篮时，双脚蹬地发力，双臂向前方伸出，把球投向篮筐。

（2）幼儿徒手做原地投篮动作的模仿练习，感受全身的协调用力。

（3）幼儿两两结伴，面对面站好，间距1.5~2米，做有弧度传接球的练习。

（4）指导重点。投篮动作要连贯，2人投篮可逐渐拉长距离，体会蹬地、伸臂、推球的动作。

（三）投篮游戏

（1）幼儿自由选择分组，把篮球投进高低不一的篮筐里（1.5~2米）。

（2）轮流投篮，选出"投篮小能手"。

（四）放松活动

教师与幼儿一起收拾器材，散步回活动室。

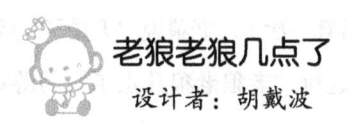

老狼老狼几点了

设计者：胡戴波

一、活动目标

幼儿通过本活动：①能听口令进行双手交替拍球和双手拍双球行进间运球练习，感受篮球活动的乐趣；②提高身体协调性。

二、活动关键点

反应能力、运球稳。

三、活动准备

篮球若干。

四、动作要领

幼儿五指自然张开，手指放松，手掌包住球，掌心空出，用力将球往下拍，当球弹起，指腹触到球时，手掌顺球抬起一定高度后，将球继续往下拍。左右手拍球用力要均匀，双手交替拍球。

五、活动过程

（一）热身活动

教师带幼儿到操场进行"篮球写数字"小游戏热身活动：双脚分开，与肩同宽，双手抱球往前伸，用双手抱住的球写数字1~9。

（二）自由探索各种双手拍双球的游戏

（1）幼儿各自拿2个篮球，一起探索双手拍双球的游戏。

（2）教师引导幼儿双手交替拍球，并加以练习。

（三）游戏活动

玩法1：教师和幼儿一起玩"老狼老狼几点了"的游戏。听到几点钟，幼儿就在原地双手交替拍几次球（左右交替算一次）。老狼说"天黑了"后，幼儿抱球跑回家中。

玩法2：教师和幼儿一起玩"老狼老狼几点了"的游戏。听到几点钟，幼儿一边双手交替拍球相应的次数一边向前走相应的步数，如5点了，则拍5次走5步，以此类推。老狼说"天黑了"后，幼儿抱球跑回家中。

玩法3：游戏过程同玩法2。当老狼说"天黑了"后，幼儿须双手边拍双球边跑回家中。

（四）放松活动

幼儿拿球在原地休息，玩用身体部位贴篮球的小游戏。

交替拍球乐

设计者：蒋倩

一、活动目标

幼儿通过本活动：①练习双手交替拍球、运球，并学习听口令进行双手交替拍球；②培养团队合作意识，增强凝聚力。

二、活动关键点

运球节奏、左右手控制。

三、活动准备

呼啦圈10个，篮球若干。

四、动作要领

幼儿双手交替拍球时，要用手腕、手指控球，能随着高度的变化，调整用力的大小。

五、活动过程

（一）热身活动

幼儿绕场地小跑2圈，绕场地模仿动物走1圈，做热身活动。

（二）基本部分

1. 教师示范基本拍球动作

动作要领：手腕、手指控球。

2. 幼儿拍球练习

幼儿成体操队形散开，进行原地拍球练习。教师巡回指导，引导幼儿利用好自己的手腕、手指，用适当的力度拍球。

3. 幼儿运球练习

幼儿在掌握双手交替拍球动作的基础上，尝试短距离运球。

4. 听口令双手交替拍球

幼儿听口令双手交替拍球，口令：1、2，1、2，1、2，1、2；左、右，左、右，左、右，左、右。

5. 游戏：呼啦圈来回运球

玩法：男生组、女生组各一排，排头男生、女生运球绕呼啦圈到第五个呼啦圈后（末端）再直线运球返回起点，然后把球传给下一名幼儿继续运球游戏。比比哪组先完成。（图5-1）

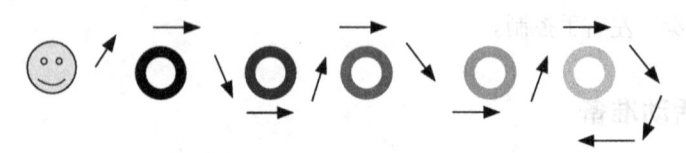

图5-1 "呼啦圈来回运球"游戏示意图

（三）结束活动

（1）小结：教师宣布男生组或女生组获胜并给予肯定，对失利组要给予鼓励，对遵守游戏规则、认真练习的幼儿要及时给予鼓励和肯定。

（2）放松活动。幼儿听口令"1、2，1、2，1、2"慢步走，手臂左右摆动，五指反复伸缩握拳放松。

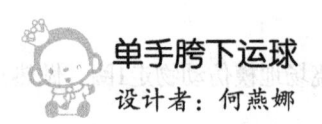

单手胯下运球

设计者：何燕娜

一、活动目标

幼儿通过本活动：①初步学习单手胯下运球动作，提高身体协调性；②提高与同伴的合作、竞赛意识。

二、活动关键点

变向、过膝、换手、上步。

三、活动准备

篮球若干。

四、动作要领

幼儿双腿前后分开,左腿在前,重心下降,用右手先运球穿过膝下;右腿在前,动作相反。

五、活动过程

(一)热身活动——逆口令动作

(1)教师介绍玩法:如我向前,你向后;我往左,你往右;我站,你蹲。

(2)教师或个别幼儿发令,集体活动。

(二)学习单手胯下运球

(1)幼儿自由玩篮球。

(2)幼儿尝试单手胯下运球的动作。

(3)教师请个别幼儿示范,引导幼儿了解动作要领。

(4)教师讲解单手胯下运球的动作要领。

(5)幼儿再次分散练习,教师巡回指导。

(三)技能大比拼

(1)幼儿分成3队,每队第一人手持一个篮球,听到口令后,迅速单手胯下运球5次后将球交给第二人然后跑到队尾,依次进行。

(2)最后一人接到球后进行单手胯下运球,结束后抱球跑到队尾,看哪队最快完成。

（四）放松活动

幼儿用篮球轻拍身体做放松活动，整理好篮球放回原处。

双手交替胯下运球

设计者：俞洁

一、活动目标

幼儿通过本活动：①初步学习双手交替胯下运球的动作，提高身体协调性；②能听从指令按要求做动作，提高反应能力。

二、活动关键点

按拍、抬腿、换手。

三、活动准备

篮球若干，哨子1个。

四、动作要领

幼儿双腿自然开立，左脚抬起时，右手将球推运过左边胯下，球反弹换左手运球；右脚抬起时，左手将球推运过右边胯下，球反弹换右手运球。可反复连续进行。

五、活动过程

（一）热身活动

幼儿排列成体操队形，做篮球操热身。

（二）探索双手交替胯下运球

（1）幼儿自由玩篮球，探索双手交替胯下运球的方法。

（2）教师请个别幼儿示范，引导幼儿了解动作要领。

（3）幼儿说出双手交替胯下运球的动作要领，教师小结。

（4）幼儿再次分散练习，教师巡回指导。

（三）技能大比拼

（1）个人比赛：参赛幼儿面对面站立，听到哨音后开始进行双手交替胯下运球。在规定时间内，运球次数多者获胜。

（2）接力比赛：全班幼儿分成2组，每组在起点和往返点处各站一半幼儿。听到哨音后，每组起点处的1名幼儿开始行进间双手交替胯下运球，到往返点后，将球交给往返点处的幼儿，接到球的幼儿向起点进行双手交替胯下运球，直到最后一名幼儿完成运球。速度最快的组获胜。

（四）放松活动

教师和幼儿共同进行放松活动：拍拍腿，抖抖手臂，散步回教室。

第二节　大班篮球游戏

红绿灯

一、游戏目标

幼儿通过本游戏：①能熟练做行进间运球和原地运球动作，进一步提高控球能力；②体验两人合作游戏的乐趣。

二、游戏准备

篮球若干，用彩纸制作的红灯、绿灯各1盏。

三、游戏玩法

"红灯停，绿灯行，遇到黄灯等一等。"教师带领幼儿边唱儿歌边练习单手行进间运球。当"交警"出示红灯时，幼儿停止前行，原地运球；当"交警"出示绿灯时，幼儿继续行进间运球。游戏可由单人拓展为双人。红灯亮时，2人一起停止前进，原地运球；绿灯亮时，2人一起行进间运球。最先到达终点处的"小车"获胜。（图5-2）

图5-2 "红绿灯"游戏示意图

四、游戏规则

在"红绿灯"游戏中，"交警"出示红绿灯时要果断，允许幼儿中途改变行进方向。

找朋友

一、游戏目标

幼儿通过本游戏：①能熟练运球过障碍物，提高控球能力；②体验与同伴共同游戏的乐趣。

二、游戏准备

篮球、呼啦圈、路障若干。

三、游戏玩法

幼儿分成4组，2组排队站在起点处，2组排队站在终点处。游戏开始，4组第一人同时出发，遇到呼啦圈，跳跃拍球通过，遇到路障，运球绕过，在中间的位置两人相逢时，通过击掌、拥抱的方式表达遇到好朋友的欣喜，之后再原路返回，与下一人击掌，下一人出发。依次进行，直至2组队员全部找到好朋友。（图5-3）

图5-3 "找朋友"游戏示意图

四、游戏规则

遇到呼啦圈时，幼儿要通过跳跃拍球的方式行进，不可滚球。遇到路障时，幼儿要运球绕过。哪2组最先完成，哪2组获胜。

抢占高地

一、游戏目标

幼儿通过本游戏提高运球、控球能力，培养竞争意识。

二、游戏准备

红方、蓝方标记各1个，勋章1个，篮球若干。

三、游戏玩法

幼儿分成红、蓝2方，并做好标记。红方幼儿运球（武器）跑向对方高地，蓝方幼儿防守（可以适时抢夺武器），但是身体不能撞击对方。蓝方幼儿必须在规定的防线内进行防守，当被对方的球突破防线时则不能再抢。最后记录双方持球数。每轮游戏进行3次，每次游戏双方都派出1名幼儿进行两两对抗，其余幼儿在自己的大本营给己方幼儿加油。（图5-4）

图5-4 "抢占高地"游戏示意图

四、游戏规则

接球多的一方获胜，胜利一方获得勋章。

投篮高手

一、游戏目标

幼儿通过本游戏：①练习行进间运球上篮，提高手眼协调性和上肢力量；②体验篮球游戏的乐趣。

二、游戏准备

篮球若干，篮球架2个。

三、游戏玩法

幼儿分成人数相等的2队，进行投篮比赛，教师当裁判。比赛开始，教师站在场地中央，将篮球往上抛，接到球的幼儿所在的队用运球及传球的方法至对方篮球架前进行投篮。（图5-5）

图5-5 "投篮高手"游戏示意图

四、游戏规则

（1）持球者应运球或传球，不能持球跑。
（2）投进球数量多的队获胜。

快速占圈

一、游戏目标

幼儿通过本游戏提高行进间运球的技能，发展动作的灵敏性。

二、游戏准备

呼啦圈和篮球（数量均比幼儿人数少1个），音乐。

三、游戏玩法

幼儿分成人数相等的3~4队，全体幼儿围成一个圆圈，在圆圈内侧随意摆放呼啦圈，在圆圈中间放入篮球。教师播放音乐，全体幼儿围着圆圈跳舞。当音乐停止时，幼儿马上去争抢篮球，并用运球的方式将篮球运送至呼啦圈内。没有抢到篮球的幼儿可在其他幼儿没进呼啦圈之前去截球，但不可触碰对方身体。幼儿都运球回到呼啦圈内，游戏结束，没抢到球的幼儿所在的队记5分。游戏依次进行，最后得分少的队获胜。（图5-6）

图5-6 "快速占圈"游戏示意图

四、游戏规则

（1）幼儿必须听到音乐后才可以开始抢球。

（2）抢球时，必须用手拍球，否则加1分。

抢球大战

一、游戏目标

幼儿通过本游戏练习传接球和抢球动作，增强合作意识。

二、游戏准备

篮球若干。

三、游戏玩法

幼儿5人1组，其中4人分别站到篮球场限制区的4个角上互相传球，1人站在中间抢球，抢到球后与被抢的幼儿交换角色继续进行游戏。（图5-7）

图5-7 "抢球大战"游戏示意图

四、游戏规则

（1）传球的幼儿可双手直接传球和双手击地传球。

（2）如果接球幼儿接球时球脱手，未能接住球，抢球幼儿也可以直接去抢未接住的球。

防守达人

一、游戏目标

幼儿通过本游戏：①能及时移动并防住其他幼儿的传球，提高身体协调性和灵敏性；②体验篮球游戏的乐趣。

二、游戏准备

篮球若干，篮球架1个。

三、游戏玩法

幼儿5人1组，其中1人在篮球架前防守断球，其他4人依次在相应的点上用传球的动作将球传向篮球架。4人全部传完后，统计防守幼儿断球的数量，并调换下一人进行防守断球。每人当一次防守断球者，防守断球数最多的幼儿获胜。（图5-8）

图5-8 "防守达人"游戏示意图

四、游戏规则

防守的幼儿须将手伸直，跳起来防守断球，不能打到对方的手。

勇闯火线

一、游戏目标

幼儿通过本游戏：①提高运球、投篮的能力，提高身体协调性和灵敏性；②培养竞争意识，体验篮球游戏的乐趣。

二、游戏准备

篮球、彩线若干，篮球架1个。

三、游戏玩法

幼儿分成人数相同的2队，每人1个篮球。2队各派1名幼儿同时出发，抱球依次攀爬穿越彩线搭的火线后单手旋转拍球5次，然后绕规定的路线运球到篮球架前投篮，如有掉球的情况立即返回起点重新出发。投篮进球后，下一名幼儿出发，依次进行。（图5-9）

图5-9 "勇闯火线"游戏示意图

四、游戏规则

（1）如幼儿中途掉球须立刻返回起点重新出发。

（2）一名幼儿投篮进球后，下一名幼儿才能出发。

（3）完成速度最快的队获胜。

小小企鹅

一、游戏目标

幼儿通过本游戏：①学习夹球行走，提高平衡能力；②体验和同伴一起玩篮球的乐趣。

二、游戏准备

篮球若干。

三、游戏玩法

每名幼儿3个篮球（可小组合作），幼儿先将手上的2个球夹好，再请同伴帮忙用两腿夹住球，从起点夹球往前走或跳，到达终点结束。幼儿尽量控制好球，不让球掉落到地上。（图5-10）

图5-10 "小小企鹅"游戏示意图

四、游戏规则

如幼儿中途掉球,须将球捡回至掉球处夹好再出发。

手可摘星辰

一、游戏目标

幼儿通过本游戏:①练习胸推式投篮,提高投篮的命中率;②勇于挑战,体验获得成功的快乐。

二、游戏准备

悬挂在半空的呼啦圈、篮球、勇士卡若干。

三、游戏玩法

将大小不一的呼啦圈按从低到高的顺序悬挂起来,布置成一片星辰,幼儿四散在自己喜欢的呼啦圈前站立(间距2~3米),双手持球于胸前,用胸推式投篮的方法将球投向呼啦圈。球穿过呼啦圈则挑战成功。幼儿可以挑战比自己投进的呼啦圈更高的呼啦圈。依次进行。(图5-11)

图5-11 "手可摘星辰"游戏示意图

四、游戏规则

（1）幼儿必须站在呼啦圈前用胸推式投篮的方式投篮。

（2）幼儿只有完成全部挑战才可获得勇士卡。

球球接力赛

一、游戏目标

幼儿通过本游戏：①练习近距离双手运双球，提高同伴之间互相配合的能力；②体验和同伴合作的快乐。

二、游戏准备

篮球、障碍物若干。

三、游戏玩法

幼儿分成3组，每组2个篮球，每组第一名幼儿持球。第一名幼儿从起点开始，双手运双球绕过障碍物到达终点后，双手运双球直线返回起点，将球传给下一名幼儿，依次进行，直到最后一名幼儿结束运球为止。（图5-12）

图5-12 "球球接力赛"游戏示意图

四、游戏规则

幼儿须双手运双球绕障碍物，每组幼儿之间保持一定的距离，如中途掉球，须将球捡回至掉球处再出发。速度快的一组获胜。

鱼雷大作战

一、游戏目标

幼儿通过本游戏中捉捕、躲闪动作的练习，提高合作能力和灵活躲闪跑的能力。

二、游戏准备

篮球1个。

三、游戏玩法

在场地上先指定海面的范围，超出部分则为沙滩。游戏开始时，教师先指定一名幼儿为渔夫，教师和幼儿共唱儿歌《鱼儿游》，当唱到"××人来变鱼儿游"时，幼儿根据唱到的数字迅速合作，由一名幼儿当鱼头，后面幼儿当鱼身，后面幼儿抱住前面幼儿的腰，在海里自由游玩，渔夫把球当作鱼雷击打鱼。（图5-13）

图5-13 "鱼雷大作战"游戏示意图

四、游戏规则

只可击打腰部以下位置,被鱼雷击打中的幼儿须自觉到场地外等待下一轮游戏。

护送小羊回家

一、游戏目标

幼儿通过本游戏:①练习双人传接球,提高身体灵敏性;②培养竞争意识,体验合作游戏的乐趣。

二、游戏准备

贴小羊的篮球若干,篮球架2个。

三、游戏玩法

幼儿3人1组,其中1名幼儿为大灰狼,其余2名幼儿为护送者。护送者护送小羊(球)回家,大灰狼在途中进行拦截。先由持球的护送者将小羊传给另一名护送者,传完后立即往前方跑。接到小羊的护送者在躲避大灰狼的同时,把小羊传给另一名护送者。大灰狼可以在小羊被传的过程中进行拦截。护送者到终点位置后将小羊送回家(篮筐)。(图5-14)

图5-14 "护送小羊回家"游戏示意图

四、游戏规则

大灰狼抢小羊时不能用手触碰护送者,只能在传的过程中进行拦截。2名护送者接到球后不能抱着跑,要用拖拉等方法进行躲抢,直至合作把小羊送回家。若中途小羊被抢算输。

环保小卫士

一、游戏目标

幼儿通过本游戏增强团队合作意识。

二、游戏准备

篮球、轮胎、球筐若干。

三、游戏玩法

幼儿分成2~3组。起点为场地中心的轮胎堆,幼儿从轮胎中取出"垃圾"(篮球)后传给同伴,进行接力传接球,最后一名幼儿接到"垃圾"后将"垃圾"投进"垃圾回收桶"(球筐)。在接力传接球过程中,第一名幼儿将"垃圾"传出后,就可以继续拿"垃圾"。游戏反复进行。(图5-15)

图5-15 "环保小卫士"游戏示意图

四、游戏规则

（1）游戏以接力的形式进行，先完成的组获胜。

（2）如果幼儿传接失误，则须捡回球重新传球。

小羊倌赶羊

一、游戏目标

幼儿通过本游戏提高单手S线运球、控球能力。

二、游戏准备

篮球、路障若干，球筐2个。

三、游戏玩法

（1）教师带领幼儿进入游戏情境："小羊倌们放了一天小羊（篮球），要带小羊们回家了，羊圈（球筐）在森林的另一头，需要绕过这些树桩（路障）才能到达。我们来比比看哪一组小羊倌最快赶小羊回家。"

（2）幼儿分成2组，每名幼儿1只小羊（篮球），第一名幼儿单手S线运球，绕过每个路障，将小羊送回羊圈后跑回，与下一名幼儿单手击掌，排到队伍尾端。下一名幼儿开始运球，依次进行。（图5-16）

图5-16 "小羊倌赶羊"游戏示意图

四、游戏规则

（1）以接力的形式进行，先完成的组获胜。

（2）运球过程中如果失误，则须捡回球在丢球处重新开始。

小螃蟹回家

一、游戏目标

幼儿通过本游戏提高双手同时运双球、控球能力。

二、游戏准备

篮球若干，球筐2个。

三、游戏玩法

（1）教师带领幼儿进入游戏情境："小螃蟹得到了2个大宝贝（篮球），想要带它俩回家，小螃蟹的家在山的另一头。我们来比比看哪一组小螃蟹能最快回家。"

（2）幼儿分成2组，每名幼儿2个篮球。第一名幼儿双手同时运双球行进，将球投进球筐后跑回，与下一名幼儿单手击掌后排到队伍尾端，下一名幼儿开始运球，依次进行。（图5-17）

图5-17 "小螃蟹回家"游戏示意图

四、游戏规则

（1）以接力的形式进行，先完成的组获胜。

（2）幼儿运球过程中如果失误，则须捡回球在丢球处重新开始。

谁是积分小赢家

一、游戏目标

幼儿通过本游戏：①提高投球的高度和准度；②培养竞争意识和团队荣誉感。

二、游戏准备

篮球、数字贴若干。

三、游戏玩法

在墙壁上贴上对应不同积分的数字贴。幼儿分成2组，在3米外的线后进行投球积分游戏。球投出后，落在哪个分数上，该幼儿则获得相应分值的积分。（图5-18）

图5-18 "谁是积分小赢家"游戏示意图

四、游戏规则

幼儿须用双手胸前投球的动作进行游戏,可直接投向分数,也可击地后反弹投向分数,规定次数内,分数高的幼儿获胜。

后记

　　幼儿篮球的深入开展必将给幼儿带来健康的体魄和快乐的学习体验。本书的编写既考虑了篮球运动的启蒙性和趣味性，也考虑了篮球运动本身的技术性和竞技性。为了使幼儿篮球与小学篮球教学内容有效衔接，使教学"一体化"，我们特别聘请了浙江省宁波市鄞州区的小学体育教学专家一起研讨，针对幼儿体适能的发展需求，制订适合发展协调性、灵敏性、柔韧性、位移速度等能力的教学内容；根据幼儿生理、心理特征，寻找一些具有趣味性、游戏化、易操作等特征的活动内容，引导幼儿玩中学、学中练、练中赛，培养幼儿独立、拼搏、合作、创新等优良品质。本书的编写尤其得到了鄞州区教研室教师俞培明、钟声，宁波市体育学科骨干教师、鄞州区体育学科名师寿华传、俞志波、诸海明的大力支持与帮助。

　　书中有待商榷之处，敬请广大读者朋友来信来函，我们将不断改进与创新。